WUNDERRAUM

*Lesen ist ankommen.*

WLADIMIR KAMINER

# Frühstück am Rande der Apokalypse

WUNDERRAUM

## *Inhalt*

100 Sekunden vor dem Weltuntergang
*Der Urlaub versaut* 7

99 Sekunden vor dem Weltuntergang
*Hirn essen in Herxheim* 18

98 Sekunden vor dem Weltuntergang
*Putin* 32

97 Sekunden vor dem Weltuntergang
*Russenkorsos* 54

96 Sekunden vor dem Weltuntergang
*Der Fluch der traditionellen Familie* 69

95 Sekunden vor dem Weltuntergang
*Auf dem Weg zu anderen Galaxien* 84

94 Sekunden vor dem Weltuntergang
*In der Kalahari* 95

93 Sekunden vor dem Weltuntergang
*Gott sei Dank, Kasachstan* 112

92 Sekunden vor dem Weltuntergang
*Die Russen trinken Tee* 132

91 Sekunden vor dem Weltuntergang
*Der erste Schnee* 143

90 Sekunden vor dem Weltuntergang
*Tschaikowsky* 159

89 Sekunden vor dem Weltuntergang
*Prinzen, Helden, Soldaten* 171

88 Sekunden vor dem Weltuntergang
*Der Preis des Glücks* 183

87 Sekunden vor dem Weltuntergang
*Friedenspflaster Berlin* 191

86 Sekunden vor dem Weltuntergang
*Die Narren im Karneval des Krieges* 204

## 100 Sekunden vor dem Weltuntergang

### *Der Urlaub versaut*

Die meisten Menschen in meiner Umgebung tragen Brillen, und sie teilen sich in Optimisten und Pessimisten. Die weitsichtigen Optimisten schauen gern in die Ferne. Sie glauben, dass die Welt sich unaufhaltsam verbessert, egal was passiert. Alles, was mit uns geschieht, ist ein Fortschritt. Mit jedem neuen Krieg, mit jeder Revolution oder jedem Aufstand erobert sich die Menschheit ein bisschen mehr Freiheit, mit jedem neuen Job entsteht mehr Wohlstand, und jeder Verlust schenkt einem zum Ausgleich ein Stück Weisheit und Gelassenheit.

Die anderen, die kurzsichtigen Pessimisten, sehen die Menschheit auf dem absteigenden Ast und die Vernunft als zur Neige gehende Requisite. In ihren Augen schwebt die Menschheit ständig über einem Abgrund. Sie balanciert auf einem dünnen Seil, gestrickt aus Eitelkeit und Neid – unmöglich, darauf die Balance zu halten. Jeder Versuch, das Zusammenleben einigermaßen vernünftig zu organisieren, ist vergeblich, jedes neue Projekt zum Scheitern verurteilt, und jeder neue Tag auf dem Planeten ist ein Geschenk, das wir nicht verdient haben. Diese Menschen tragen die Weltuntergangsuhr quasi am Handgelenk.

Ich bin der Meinung, wir tun es unserem Planeten nach: Wir drehen uns im Kreis. Dadurch ist es mal kalt und stockfinster, mal heiß und hell. Wir sind Pflanzen mit Beinen, auch unser Lebenslauf wird von den Jahreszeiten geregelt, zumindest bei Menschen in meinem Beruf. Die Rhododendren blühen im Mai, die Chrysanthemen im September, und die Bühnenkünstler tragen ihre Blüten im Winter auf die Bühnen. Traditionell sind die Wintermonate für Künstler die Hauptblütezeit. An zweiter Stelle kommt der Sommer, denn der ist in Deutschland immer ein »Kultursommer«. Doch am liebsten gehen die Menschen zu Lesungen und in Konzerte, wenn es draußen dunkel und kalt ist. Deswegen war ich die letzten Jahre im Dezember und Januar pausenlos unterwegs und machte dann im Februar reichlich Urlaub, am liebsten dort, wo es warm war.

Die Nachricht vom Krieg hat uns daher in Las Palmas, der Hauptstadt von Gran Canaria, erreicht. Die russische Armee war über die ukrainische Grenze marschiert, und die Bevölkerung Russlands stand angeblich geschlossen hinter ihrer Führung. Sie begrüßte die »Spezialoperation«, wie der russische Präsident seinen Krieg nannte. In einer einstündigen Fernsehansprache versuchte er, die Gründe für den Einmarsch und seine Ziele zu formulieren.

»Der Krieg des Westens gegen Russland und die Sanktionen waren unvermeidlich. Um meine Entscheidung zu erklären, muss ich weit ausholen, in die Geschichte unserer Heimat«, begann er seine Ansprache. Menschen, die ihn kannten, wussten, dass das kein gutes Zeichen war. Wenn der Präsident ausholen muss, bedeutet das, dass er selbst von seiner Entscheidung überrascht ist. Er sorge sich um die Ausdehnung der NATO, wolle mehr Anerkennung für die russische Welt auf dem Planeten, mehr Autorität für sein Land in Europa erreichen und außerdem die russische Sprache in der Ukraine und die russischsprachigen Bewohner in der Ostukraine schützen. Es ginge darum, das ukrainische Volk aus der amerikanischen Knechtschaft zu befreien und die wirtschaftliche Kompetenz seines Landes auszubauen.

Der Anti-Midas war voll in seinem Element. Jedes Gold, das er anfasste, verwandelte sich beinahe automatisch in Scheiße. Schon damals ahnte ich, was mit seinen »Zielen« passieren würde. Er würde genau das Gegenteil erreichen: Finnland und Schweden geben ihre Neutralität auf und wollen der NATO beitreten, die sich noch enger um Russland schlingt. Die russische Sprache und Literatur werden aus den Unterrichtsplänen der Ukraine verbannt, und die russische Wirtschaft nähert sich dem Kollaps. Die Sanktionen des Westens schließen das Land aus jenem Ressourcenmarkt aus, an dem sich der Kreml jahrelang dumm und dämlich verdient hatte, und alle Männer in den russischsprachigen Gebieten von Donezk und Luhansk werden im Krieg als Erste verheizt. Ihnen bleibt nur die Wahl zwischen Flucht oder Tod. Wäre Putin ein CIA-Agent, könnte er in Langley stolz vermelden: Russland ist am Ende. Auftrag erfüllt.

Überall auf der Welt waren die Menschen über Russlands Kriegstreiberei empört. Von Neuseeland bis Norwegen befestigten sie ukrainische Flaggen an Balkonen und Hausfassaden und gingen auf die Straße, um zu demonstrieren. In Las Palmas hatte es zeitgleich mit dem russischen Einmarsch in der Ukraine zu regnen begonnen, mitten im Februar, in der schönsten Urlaubssaison. Aber auch hier fand eine Antikriegsdemo statt, der sich meine Frau und ich anschlossen. Zwei Stunden lang hielten die Menschen im strömenden Regen Reden auf Spanisch und winkten mit ukrainischen Flaggen. Neben uns standen mehrere Ukrainer und Ukrainerinnen, die mitten im Urlaub vom Krieg überrascht worden waren.

»Was soll ich denn jetzt tun?«, fragte mich eine junge Frau, Swetlana, auf Russisch. Sie war klatschnass, eindeutig für den Strand angezogen, und trug ein Babytragetuch am Bauch, in dem ein ziemlich großes Kind hing. Swetlana aus Charkiw hatte zwei Wochen Urlaub gebucht, das Hotelzimmer war nur noch bis zum nächsten Tag reserviert. Jetzt hatte sie erfahren, dass ihre Stadt von der russischen Luftwaffe bombardiert wurde und russische Panzer an der Stadtgrenze standen.

»Komm auf gar keinen Fall zurück!«, befahl ihre Mama am Telefon. »Bleib, wo du bist!«

Swetlana wirkte verloren. Sie hatte doch bloß ein wenig Sonne tanken und am Strand liegen wollen. Stattdessen stand sie nun in Badelatschen und Bikini auf einer verregneten Antikriegsdemo mitten in Las Palmas.

»Was soll ich nur tun?«, wiederholte sie immer wieder.

Ich wusste es auch nicht. »Hören Sie auf Ihre Mutter, wir verlängern das Hotel«, riet ich fürs Erste.

Mein Telefon klingelte ununterbrochen. Innerhalb eines Tages bekam ich zwei Dutzend Anfragen von deutschen Medien mit der Bitte um einen Kommentar.

»Was ist mit den Russen los, Herr Kaminer? Warum wollen sie Krieg?« »Mit welchem Gefühl haben Sie die Nachrichten gelesen?« »Schämen Sie sich?«

Ich schämte mich. Im Lauf der 33 Jahre, die ich mittlerweile in Deutschland lebte, hatte ich so viel und lange über Russland und das Leben in der Sowjetunion geschrieben, dass die Geschichte meiner Heimat meine eigene Geschichte geworden war, ein wichtiger Bestandteil meiner Identität. Die Heimat und ich, wir waren verschmolzen. Insofern betrachtete ich auch meine eigene Auswanderung als eine Annäherung Russlands an Europa. Jahrzehntelang hatte ich Deutschland und die Welt bereist und überall erzählt, wie europäisch die Russen waren: ein kreatives, offenes Volk, ein lustiger Nachbar, der ab und zu vielleicht ein bisschen zu viel trank und laut wurde, aber seiner Natur nach herzensgut war. Ja, das Land machte gerade eine schwierige Phase durch und hatte vorübergehend Probleme mit der politischen Führung, aber wer hatte das nicht? Das konnte jedem Land und jedem Volk passieren.

Aber auf einmal griff meine Heimat ein Nachbarland an, weil dieses Land in die EU wollte, beschoss zivile Objekte, Kindergärten und Krankenhäuser, und im russischen Propagandafernsehen zeigte man Schlangen von Freiwilligen vor den Mobilisierungspunkten. Waren das alles etwa Schauspieler, oder wollten die Russen wirklich Krieg? Laut offiziellen Umfragen befürworteten zwischen siebzig und achtzig Prozent der Russen die »Spezialoperation« ihres Präsidenten. Man sollte diese Ergebnisse mit Vorsicht zur Kenntnis nehmen. Immerhin wurde in Russland gleich am ersten Tag nach dem Einmarsch die Kriegszensur eingeführt. Jede kritische Meinung konnte als Heimatverrat und »Beleidigung der Streitkräfte« ausgelegt werden, wofür einem bis zu fünfzehn Jahre Knast blühten.

Je mehr aktuelle Berichte ich aus der Heimat las, umso klarer wurde mir, dass in einem unfreien Land jede soziologische Untersuchung mit ihren Umfragen scheitern musste. Die Menschen beantworten ungern Fragen, die ihnen von Fremden gestellt werden. Das ist auf der ganzen Welt so, und ich kannte es auch aus eigener Erfahrung: Selbst wenn die Deutsche Bahn in ihren Zügen eine Umfrage zum Komfort der Passagiere durchführen will, ducken sich die meisten weg, weil sie niemandem etwas erzählen wollen. Die Russen waren durch die »Spezialoperation« ihres Präsidenten zu Weltmeistern im Schweigen geworden. 95 Prozent wollten nicht reden, und von den restlichen fünf Prozent unterstützten die meisten bedingungslos alles, was ihr Führer vorhatte. Doch die schweigende Mehrheit stellte die angebliche Unterstützung der Bevölkerung für das Regime infrage.

Meine Landsleute verhielten sich wie die Anonymen Alkoholiker, nach dem berühmten Gelassenheits-Gebet: »Gott, gib mir die Gelassenheit, Dinge hinzunehmen, die ich nicht ändern kann.« Sie hatten keine Möglichkeit, sich in die politischen Angelegenheiten ihres Landes einzumischen, also taten die meisten so, als gäbe es diesen Krieg gar nicht. Das russische Fernsehen unterstützte sie in dieser Vogel-Strauß-Politik: Es wurden keine Leichen gezeigt, keine zerbombten Wohnhäuser, keine Flüchtlingsströme. Nur aufsteigende Flugzeuge und große Kanonen, die in die Luft feuerten, um die »Akzeptanz Russlands in der Welt zu erhöhen und die russische Sprache in die Schulprogramme zurückzubringen«.

Wir Menschen tun gerne »so, als ob«, wir halten am liebsten einen gesunden Abstand zur Realität. Wir wissen genau, dass die Erde krumm ist, laufen aber trotzdem nicht gebeugt, sondern mit geradem Rücken, als wäre sie flach. Wir leben, als ob wir niemals sterben, obwohl wir genau wissen, dass es nicht stimmt. Wir spielen Frieden mitten im Krieg. Das ist zutiefst menschlich, und trotzdem schämte ich mich fürchterlich für meine alte Heimat. Und ich schämte mich nicht dafür, dass ich mich schämte. Scham ist ein gutes, Leben rettendes Gefühl. Wenn wir als Spezies überleben wollen, dürfen wir uns nicht dem blinden Hass oder der Gleichgültigkeit hingeben. Wir sollten lernen, uns zu schämen. Gründe dafür gibt es mehr als genug.

Ich gab Interviews, versuchte, auf den Kanaren gestrandete ukrainische Geflüchtete unterzubringen, und packte die Koffer.

»Wie verrückt ist der russische Präsident wirklich? Wie weit würde er gehen?«, fragten mich die Journalisten. Ihre größte Sorge war, dass sich der Krieg ausbreiten könnte. Der russische Napoleon sprach stets davon, dass er gar nicht gegen die Ukraine, sondern gegen die NATO, gegen die USA und ihre europäischen Handlanger kämpfen wollte. Er stand kurz vor seinem siebzigsten Geburtstag, seine Interessen lagen also wie bei allen Rentnern hauptsächlich im Bereich der Geopolitik. Und er sagte, eine Welt ohne Russland als führende Kraft sei für ihn nichts wert. Dabei hatte sein Russland genug Atomraketen, um die ganze Welt in die Luft zu jagen. Wie weit also würde er gehen? Niemand hatte eine überzeugende Antwort auf diese Frage. Von diesem Mann war jede Missetat zu erwarten. Den Urlaub hatte er mir schon versaut.

In Berlin angekommen, kaufte ich als Erstes ukrainische Flaggen und befestigte sie an unserem Balkon. An jedem Bahnhof Deutschlands hingen »Willkommen!«-Plakate in ukrainischer und in russischer Sprache, obwohl man schnell feststellte, dass die meisten Geflüchteten aus der Ostukraine besser Russisch als Ukrainisch sprachen. Meine Kinder volontierten am Berliner Hauptbahnhof, wo sie den gerade angekommenen Menschen halfen, sich zurechtzufinden, oder Essen und Hygieneartikel verteilten. Meine Tochter war hauptsächlich für Shampoos zuständig und übersetzte den geflüchteten Frauen, was auf den Etiketten stand. War das Shampoo für trockenes oder fettiges Haar? Für schuppige oder empfindliche Kopfhaut? Sie konnte wunderbar übersetzen.

In der Volksbühne hatten wir im Roten Salon eine Begegnungsstätte für in Berlin gestrandete ukrainische Künstler eröffnet. Dort konnten sie deutsche Kollegen kennenlernen und vielleicht gemeinsame Projekte einfädeln. Nichts hilft besser in einer solchen Situation als Arbeit. Eine Beschäftigung lenkt von den Sorgen ab, dass dein Haus kaputt gebombt werden könnte, deine Liebsten in Gefahr sind und dein ganzes Leben möglicherweise futsch ist. Die ukrainischen Dichter, Maler und Musiker bevölkerten dieses Café von morgens bis abends, dazu kamen viele deutsche Kollegen, und alle versuchten einander zu erklären, was jetzt das Wichtigste wäre.

Mitten in diesem Durcheinander fiel mir eine Frau auf, die anscheinend überhaupt keine Lust hatte, irgendwelche Kontakte zu knüpfen oder künstlerische Projekte ins Leben zu rufen. Vollkommen desinteressiert saß sie in einer Ecke in einem tiefen Sessel und zeichnete mit einem Stück Kreide auf dem Parkett. Vor ihren Füßen krabbelte ein kleines Kind.

»Das ist die größte Expertin für sozialistische Hauswandmosaike«, erklärte mir mein Freund Juriy, der selbst aus Charkiw stammte und anscheinend alle ukrainischen Künstler kannte. »Sie ist in der Ukraine sehr berühmt«, erzählte er mir.

Diese Mosaike an Tausenden von Hausfassaden waren in der unabhängigen Ukraine nicht gleich als Kunst anerkannt worden. Die junge Republik wollte sich so schnell wie möglich von ihrer sozialistischen Vergangenheit, dem schweren Erbe der Sowjetunion, befreien. Hunderte Lenin-Denkmäler waren gestürzt und aus dem Stadtbild entsorgt worden, Straßen, Theater, Schulen und ganze Städte hatte man umbenannt. Die Mosaike aus der Sowjetzeit, all die strahlenden Arbeiter und Bauern mit Hammer und Sichel, die Roten Sterne, die Soldaten und Matrosen, Raketen und Kanonen und überernährten Friedenstauben, die selbst wie Bomben aussahen, hätten die Ukrainer am liebsten von den Hausfassaden gekratzt.

Doch die mutige Künstlerin hatte sie restauriert und katalogisiert, abfotografiert und ausgestellt, Bücher über sie geschrieben und die Öffentlichkeit aufgeklärt. Diese Mosaike seien aus der Geschichte des Landes nicht wegzudenken, sie seien ein Teil seiner Biografie und dürften nicht verloren gehen. Sie hatte den künstlerischen Wert dieser Arbeiten verteidigt und die Menschen davon überzeugt, die Bilder an den Fassaden zu belassen. Sie seien nicht nur ein Etikett des großrussischen Reiches, sondern ein Teil der ukrainischen Kunstgeschichte, behauptete sie. Nun wurden diese Mosaike zusammen mit den Häusern ausgerechnet aus russischen Kanonen beschossen. Sie wurden komplett zerstört – und damit war auch ihr Lebenswerk vernichtet.

Frau K. saß einfach da und malte mit Kreide auf dem Parkett geometrische Figuren. Kreise, Quadrate und Sterne.

## 99 Sekunden vor dem Weltuntergang

### *Hirn essen in Herxheim*

Der Krieg beschleunigte den Lauf der Zeit. Auf einmal sahen meine Freunde und Bekannten um so vieles älter aus, als hätten sie auf einen Schlag fünf Jahre mehr auf den Buckel geritzt bekommen. Die Menschen waren verzweifelt, wütend, schockiert und verängstigt. Die sonst leichtsinnigen Zwanzigjährigen wirkten auf einmal so ernst und besorgt, als wären sie über Nacht erwachsen geworden, und die Fünfzigjährigen fühlten sich reif für die Rente.

Die Generation siebzig plus, die gottgesegneten Jahrgänge 1947–1952, diese Mensch gewordenen Friedenstauben und gut behüteten Kinder des Kalten Krieges, hatten Mitleid mit ihnen. Sie selbst hatten in der großen Geschichtslotterie das Glückslos gezogen, sich zwischen den Weltkriegen durchschmuggeln können, den Zweiten durch die Gnade der späten Geburt verpasst, vor dem Dritten hatten sie ein stattliches Alter erreicht und dazwischen jede Menge Spaß gehabt. Vom Marshallplan bis zum langen Marsch durch die Institutionen haben sie nebenher tapfer und bis zur völligen Erschöpfung auf den Barrikaden der sexuellen Revolution gekämpft, sich in Clubs und Discos abgehärtet, hatten Rock 'n' Roll und Wiedervereinigung, Kreuzfahrten und Tangokurse, Gedächtnistraining und Yoga für Rentner mitgemacht. In der gesamten Geschichte der Menschheit musste man eine so dauerhafte Friedenspause lange suchen.

»Alles hat ein Ende, nur die Wurst hat zwei«, sangen sie auf Ibiza und Mallorca prophetisch. »Wir haben uns schon gewundert und auf die Uhr geguckt. Auf die Weltuntergangsuhr. Siebzig Jahre ohne Krieg – der nächste dürfte erst kommen, wenn wir nicht mehr da sind.«

Nun waren sie aber alle noch da, und das machte Hoffnung. Vielleicht war dieser Krieg nur ein halber Krieg, ein Viertelkrieg, ein kleiner regionaler Konflikt, der sich nicht ausbreitete. Vielleicht würde er nicht eskalieren, vielleicht würden die Russen vor den von der Bundesregierung versprochenen sieben deutschen Panzern Angst bekommen und die Ukraine verlassen. Mitte Mai gab es bereits Anzeichen für eine mögliche vorläufige Kriegspause. Der französische Präsident Macron telefonierte ununterbrochen mit dem Kreml, und nach Putins letztem Telefonat mit Bundeskanzler Scholz hatte die russische Armee prompt weniger gebombt.

Eine merkwürdige Stimmung legte sich über das Land. Die Eisheiligen waren in diesem Jahr gar nicht gekommen, sondern hatten sich dem Klimawandel gebeugt. Die

Sonne schien, und die Vögel zwitscherten, als gäbe es nur noch Frieden auf Erden. Ich tourte wieder durch das Land, von einem Kultursommer zum nächsten. Dabei erntete ich überall Mitleid und hörte die sorgenvolle Frage, ob ich mich als Russe diskriminiert fühlte. Die sich breitmachenden Gerüchte über Russophobie waren nicht nur in den russischen Medien ein großes Thema. Sogar meine Mutter träumte, ich sei bei einem der vielen Kultursommer vom Publikum zusammengeschlagen worden, weil die Menschen aus meinem Buch erfahren hatten, dass ich als Soldat in der sowjetischen Armee gedient hatte.

»Du musst nicht alles über dich erzählen«, meinte Mama. »Das ist gefährlich. Wo bist du überhaupt gerade?«, fragte sie mit besorgter Stimme.

Ich war gerade in einer Stadt, deren Namen ich nur schwer aussprechen konnte: Herxheim. Das kleine Städtchen im Süden der Bundesrepublik stellte für eine russische Zunge ein unüberwindbares Problem dar. Ein »X« auszusprechen, dem unmittelbar ein »H« folgt, ist für mich eine Herausforderung sondergleichen. Jeder Versuch, den Namen der Stadt sauber auszusprechen, hörte sich wie ein Hustenanfall an. Warum haben sie die Stadt nicht einfach Herzheim oder Hirnheim genannt? Das wären doch auch schöne Namen für eine Stadt und viel leichter auszusprechen.

»Ich bin in Rheinland-Pfalz«, berichtete ich Mama, um sie zu beruhigen. Hier sollte ich zusammen mit der Ministerpräsidentin, der Kultusministerin und etlichen Staatssekretären die Eröffnung des Kultursommers moderieren.

Die Rheinland-Pfälzer hatten vor langer Zeit beschlossen, ihre Kultursommer nach dem Wind zu richten. Im Jahr zuvor hatten sie den Nordwind wunderbare Künstler aus Norwegen, Schweden und Finnland zu sich wehen lassen. Für das Jahr 2022 hatten sie mit dem Ostwind geplant. Niemand konnte ahnen, dass dieser nach Blut, Schießpulver und Tod riechen würde, nach zerbombten Städten und geflüchteten Menschen. Zu spät erkannte man, dass es keine Planungssicherheit für Winde gab, besonders wenn sie aus dem Osten kamen.

Einige der eingeladenen russischen Künstler, Gruppen und Theaterkollektive konnten nicht mehr kommen, andere wollten nicht. Die Gastgeber wären beinahe mit ihrem Programm in Not geraten, aber zum Glück fanden sie mich als *Last Man Standing*, einen der letzten ansprechbaren Russen, die man nach Herxheim einladen konnte, ohne die Gefühle der Ukrainer und der deutschen Öffentlichkeit zu verletzen.

Ich konnte zwar den Namen der Stadt nicht aussprechen, mochte aber die Gegend sehr: Pfälzer Wein und gastfreundliche, gut gelaunte Einheimische, die schon am frühen Morgen leicht einen sitzen hatten. Vor allem faszinierte mich ihre überraschend unkonventionelle, sehr eigene Küche. Ich hatte vorher gar nicht gewusst, dass Tiere so viele

Innereien besaßen, die man obendrein so fantasievoll auf einem Teller kombinieren konnte.

Obwohl die Schrift auf den Speisekarten durch den Klimawandel jedes Jahr kleiner wird, hole ich in einem Restaurant für gewöhnlich meine Lesebrille nicht aus der Tasche, sondern verlasse mich auf meine Erfahrung. Denn eigentlich kann man an den Silhouetten der Buchstaben das Gericht bereits erkennen. Diese Annahme hat mir in Herxheim einen bösen Streich gespielt. »Lauwarmes Saumagen-Carpaccio mit Hirn- und Beeren-Vinaigrette« las ich auf der Speisekarte und dachte, wow! Als hätten Kannibalen auf einmal beschlossen, Gourmets zu werden und sich gesagt, wir sollten Hirn nicht einfach als Hauptgericht essen wie immer, das ist noch keine echte Delikatesse. Wir verarbeiten es lieber zu einer köstlichen Vinaigrette.

»Und? Haben Sie schon gewählt?«, fragte mich der freundliche Kellner.

»Ja«, nickte ich. »Ich hätte gerne den Magen mit Hirn-Vinaigrette und Beeren.«

»Es handelt sich hier um eine ›Himbeeren-Vinaigrette‹«, rückte der Kellner meine Bestellung zurecht. Sein Gesichtsausdruck verriet jedoch, dass er glatt auch eine Hirn-Vinaigrette serviert hätte, die war aber wahrscheinlich für Einheimische reserviert.

Ganz unabhängig von den kulinarischen Highlights hatte ich ein großes Kulturprogramm für den Kultursommer »Ostwind« vorbereitet. Zusätzlich zu einer Moderation bot ich eine Lesung und eine Podiumsdiskussion zum aktuellen Anlass an: »Russland nach Putin« oder so ähnlich sollte das Thema lauten. Ich hatte sogar für das dortige Puppentheater ein Theaterstück verfasst, das allegorische Märchen »Der Wolf und die G7« über die Kommunikationsprobleme zwischen Russland und der EU. Die Gebrüder Grimm hatten die heutige Situation mit dieser alten Volkserzählung sehr treffend beschrieben. Der Wolf war nun der russische Präsident, die Mutti war Frau Merkel. Kaum war sie aus dem Haus – Gerüchten zufolge war sie sogar in einer Klinik gelandet, völlig fertig mit der Welt –, klopfte der Wolf an die Tür. Bevor Mutti gegangen war, hatte sie uns allerdings noch gewarnt, wir sollten niemandem aufmachen, egal wer käme. Die sieben Geißlein aber waren zerstritten und unsicher. Niemand konnte nachvollziehen, wieso das ungezogene russische Bärchen sich plötzlich einen Wolfspelz übergezogen hatte und den Verrückten spielte.

Leider wollten die Rheinländer mein Theatermärchen nicht, es war ihnen zu heiß. Stattdessen sollte ich in einem Herxheimer Jugendclub eine Ukraine-Disko veranstalten. Ich hatte das Ganze auf die leichte Schulter genommen und mich nicht auf eine lange Nacht vorbereitet. Immerhin hatte ich ukrainische Musik im Russendiskoprogramm schon immer zur Genüge im Angebot gehabt. Sie war wie russische Musik: schnell, laut und gut zum Tanzen geeignet – so wie ich Musik mag. Aber die pfälzische Jugend würde diese Auswahl womöglich nicht als ihre Lieblingsmusik erkennen, dachte ich, jede Generation hat schließlich ihren eigenen Geschmack. Und die Älteren würden nach all den Rieslingen und Saumägen wohl zeitig ins Bett gehen. Ich stellte mich daher auf eine sogenannte »Rollator-Disko« ein. Mein Sohn hatte mir diesen Begriff überlassen, nachdem er einmal in Berlin dabei war, als zu meiner Disko tatsächlich zwei Menschen mit Rollatoren erschienen waren. Ich fand das überhaupt nicht schlimm, man konnte mit diesem Gerät viel sicherer tanzen. Vielleicht hätte ich auch als DJ gut einen gebrauchen können nach einer Flasche Rosé. Aber mein Sohn hielt mich seitdem für einen Künstler der abdankenden Generation.

Um halb zehn sollte es losgehen. Ich war pünktlich und staunte nicht schlecht. Dem ersten Eindruck nach hatte sich das komplette Bundesland im Jugendzentrum Herxheim versammelt. Die Jungen und die Alten, die Nüchternen und Betrunkenen, die Einheimischen, die Gäste des Festivals, die ukrainischen Geflüchteten und ihre Gastgeber. Ich nahm die Sache ernst und konzentrierte mich auf ukrainische Musik, obwohl die weiblichen Geflüchteten mich permanent nach irgendwelchen russischen Popstars fragten. Sie hielten mir ihre Smartphones vor die Nase und zeigten mir Fotos von ihren Musikidolen: blonde Frauen mit dicken Lippen und am Kopf tätowierte Jungs.

»Kennen Sie die?« »Kennen Sie den?« »Was sind Sie für ein DJ, wenn Sie Loboda nicht haben?«, ärgerten sie sich.

»Heute nur ukrainische Musik!«, antwortete ich entschlossen.

»Aber Loboda ist doch Ukrainerin!«, bedrängten sie mich weiter.

»Gut möglich«, konterte ich. »Aber sie hat sich von der Annexion der Krim nicht eindeutig distanziert!« Ich blieb hartnäckig und radikal bei der Musikauswahl. Die letzten Tänzer gingen um vier.

Unausgeschlafen und voller Pfälzer Riesling fuhr ich am nächsten Tag weiter zur Premiere der Passionsspiele nach Oberammergau. Ich hatte unglaublichen Durst und las unterwegs die Zeitung, um mich von meinem Kater und der Kriegsangst abzulenken. Die Zeitung gab mir tatsächlich ein wenig Hoffnung. Die Reiter der Apokalypse saßen uns zwar noch immer im Nacken – die Seuche, die Dürre und der Krieg –, aber es gab auch gute Nachrichten:

In Russland hatte das Parlament den Einsatz schwerer Handschellen für Minderjährige und schwangere Frauen im Untersuchungsgefängnis ausdrücklich nicht empfohlen. Außerdem sollte der Klimawandel den Olivenanbau in Österreich ermöglichen. Wenn also unsere Vorräte an Sonnenblumenöl verbraucht waren, konnten uns die schlauen

Österreicher mit ihrem Olivenöl versorgen. Außerdem waren die Pfälzer Rotweine deutlich besser geworden: Der Pinot Noir aus der Region hatte bei der letzten Verkostung viele Punkte bekommen. Die russische Angriffsarmee hatte neun Mal hintereinander versucht, einen kleinen Fluss im Osten der Ukraine an derselben Stelle zu überqueren, und war jedes Mal von der ukrainischen Abwehr zurückgeschlagen worden, bis sich der Fluss in einen Strudel aus kaputtem Militärgerät und Leichen verwandelt und sich das Wasser rotbraun gefärbt hatte. Die Ukrainer verfügten eindeutig über die besseren Waffen. Und die Amerikaner lieferten angeblich uneingeschränkt Militärgüter in die Ukraine, die schon bald den Frieden nach Osteuropa bringen würden.

Die beste Nachricht war jedoch, dass am Samstag Jesus im Allgäu wiederauferstehen sollte, auf der großen Bühne in Oberammergau. Das spektakulärste Theaterereignis Deutschlands, die Passionsspiele, sollten am Wochenende starten. Ich hatte bereits vor dem Krieg im Jahr 2020 für das deutsche Kulturfernsehen eine Dokumentation über die Passionsspiele drehen sollen, die dann allerdings wegen Corona verschoben worden waren. Damals waren die Menschen verzweifelt. Sie hatten sich seit zwei Jahren nicht rasiert, Tausende Kostüme per Hand genäht, und Judas hatte sogar sein Abitur verschoben, weil ihm im Dorf gesagt wurde, er könne nicht zwei Großprojekte gleichzeitig durchziehen: Jesus verraten und die Hochschulreife erlangen. Er hatte sich damals für seine Rolle entschieden und stand am Ende doppelt dumm da.

Damals herrschte eine ängstliche Stimmung im Ort. Es schien, als hätte der Lauf der Geschichte plötzlich Halt gemacht und ein schlauer Dieb der Menschheit ihre wertvolle Uhr des Lebens vom Handgelenk geklaut, um sie durch die billige Uhr der Apokalypse zu ersetzen. Eine Plastikuhr, die nur Sekunden anzeigte. Alle waren verunsichert. Wie würde es weitergehen? Ich war damals mit Jesus Weißwürste essen, und er meinte, er glaube nicht an die Verschiebung der Passionsspiele und daran, dass in Deutschland oder überhaupt irgendwo auf diesem armseligen Planeten noch jemals jemand gekreuzigt würde.

»Wir sitzen ab jetzt unter Hausarrest und warten, bis der Arzt mit der nächsten Spritze kommt. Und in zehn oder zwölf Jahren bin ich aus Altersgründen nicht mehr Jesustauglich, amen!«, prophezeite Jesus bedeutungsvoll.

Ich bin vor zwei Jahren allein durch den Ort gelaufen und habe die leeren Geschäfte besucht, aus denen mir Tausende von Jesusfiguren von ihren Kruzifixen traurig hinterherblickten, alle aus echtem Holz von Einheimischen geschnitzt. »Motivationsgeschenk für 92 Euro« stand darunter. Damals hatte die Seuche jede Motivation zunichtegemacht. Da war niemand, den man mit einem Holz-Jesus hätte motivieren können. Auch nicht mit einem echten aus

Fleisch und Blut. Nun stand er aber doch wieder auf der Bühne und weinte fast vor Stolz. Ich freute mich sehr über Jesus und darüber, dass wir unsere Dokumentation trotz aller Missgeschicke, trotz aller Tragödien vollenden durften. Was lange währte, wurde endlich gut.

Der Premierentag begann mit einem roten Teppich und dem Eintreffen der Prominenz, darunter Ben Becker, Uschi Glas und der Bayerische Ministerpräsident Söder. Bereits um 11.00 Uhr startete der ökumenische Gottesdienst. Zwei Diener Gottes, ein Priester in weißer Soutane und ein Pfarrer in schwarzem Talar, beteten für uns.

»Die Welt ist schlecht«, sagten sie, »und in diesen Tagen sogar schlechter denn je. Die Menschen sind in Sünde festgefahren und haben alle Gebote vergessen. Sie sollten eigentlich nicht töten und nicht rauben und sich keine anderen Götter zulegen neben denen, die sie sowieso schon haben. Aber es gibt Hoffnung!«, verkündeten die beiden. »Je schlechter die Welt, desto besser die Aussicht. Denn der Tag naht, an dem wir alle die irdischen Leiden hinter uns lassen und frohen Gemüts Richtung Himmel aufblicken.«

Dann erhoben sich alle und beteten inbrünstig das »Vaterunser«. Die meisten kannten es auswendig, sogar die Prominenz. Ich kannte den Text nicht und ging auf die Straße, um eine zu rauchen. Kaum zündete ich die Zigarette an, rief mich Mama an.

»Wo bist du eigentlich gerade?«, fragte sie wie immer.

»In Ober-ammer-gau«, versuchte ich so deutlich wie möglich ins Handy zu sprechen. Seit Mama nicht mehr gut hörte, wurden unsere Gespräche immer missverständlicher.

»Was für eine Gau?«

»Keine Gau, das ist ein Ort im Ostallgäu!«

»Rauchst du etwa wieder?«, regte sich Mama auf. Mit der Zeit hatte sie übernatürliche Fähigkeiten entwickelt und konnte selbst am Telefon riechen, wenn jemand am anderen Ende rauchte.

»Natürlich nicht«, log ich, »ich bin bei einem ökumenischen Gottesdienst!«

»Bei einem ökonomischen Gottesdienst?«, hakte Mama nach. »Und? Alles gut?«

»Ja, Mama, am Ende ist immer alles gut«, bestätigte ich. Zuerst läuft alles schief, und dann wird alles gut. Genauso war es auch in Oberammergau. Einen Tag vor der Premiere ging nämlich gar nichts. Jesus passte nicht auf den Esel, Maria und Petrus waren beide positiv getestet worden, und Judas hatte Long Covid. Er fühlte sich die ganze Zeit schlapp, überfordert, lustlos und verzweifelt, was aber seiner Rolle keinen Abbruch tat.

Ich interviewte den siebenjährigen Sohn von Jesus und fragte: »Na, möchtest du auch mal Jesus werden wie dein Papa, wenn du groß bist?«

»Ja«, sagte der Junge.

Ich hatte mich zwei Jahre zuvor mit seinem Vater angefreundet. Er war der Jesus, den ich im Rahmen der geplanten Dokumentation kennengelernt hatte. Den anderen kannte ich nicht. Es gab nämlich aus Sicherheitsgründen noch eine Zweitbesetzung. Einer war geimpft, der andere nicht. Den ungeimpften Jesus hatte man laut den Gerüchten kurz vor der Premiere überredet, sich eine doppelte Dosis BioNTech in den Oberarm knallen zu lassen, da war es aber für die Premiere schon zu spät. Für den geimpften war dann aber der Esel zu klein, er lief ihm zwischen den Beinen durch. Also wurde extra für die Inszenierung ein katalanischer Riesenesel nach Oberammergau gebracht, ein Pferd mit Eselskopf. Von der Größe her passte Jesus nun perfekt auf den Esel, doch der Esel schien entweder nicht richtig christianisiert worden zu sein oder war womöglich sogar vom Teufel besessen. Jedenfalls wollte er Jesus nicht nach Jerusalem, sondern mit großer Sturheit um die Ecke bringen. Am Premierentag war das Tier jedoch wie ausgewechselt.

Die Stimmung im Saal und auf der Bühne war unbeschreiblich. Die 4500 Zuschauer folgten der Geschichte mit großem Interesse, obwohl die meisten natürlich wussten, wie sie ausgehen würde. Aber selbst das Leiden Jesu am Kreuz verdarb ihnen in der Pause nicht den Appetit. Sie wussten ja, der Tod währte nur drei Tage, dann würde er wiederauferstehen und mit uns zusammen einen trinken.

Die Passion machte Mut. Alles, was uns nicht umbrachte, machte uns stärker. Wir würden mit allem fertig, mit der Seuche, dem Hunger und dem Krieg und würden diesen Planeten unseren Kindern in einem ordentlichen Zustand überlassen, damit sie das alte Spiel aufs Neue beginnen konnten. Das einzige Problem war, den Esel von der Bühne zu schaffen, bevor Jesus vom Kreuz genommen wurde, da das Tier sonst sofort auf ihn zulief. Ich wurde beauftragt, den Esel kurz zu halten, und zündete sofort wieder eine Zigarette an. Man sucht sich ständig neue Ausreden für die alten Laster. Ich hatte mit Beginn des Krieges wieder zu rauchen begonnen.

»Du bist doch Jude, oder?«, fragte mich Petrus, der auch kurz rauchen war.

»Ja, und?«, fragte ich zurück.

»Was für ein Jahr habt ihr jetzt, kannst du mir das sagen?«

»Ich glaube, so in etwa 5783«, log ich.

»Ah, gut, danke!«, schnaubte Petrus. »Kannst du dich vielleicht noch erinnern, wie 2022 zu Ende ging?«

# 98 Sekunden vor dem Weltuntergang

## *Putin*

1999 suchte die politische Elite Russlands einen Nachfolger für den alten und kränkelnden Boris Jelzin. Die Regierenden wussten, sollte dem Präsidenten im Amt etwas zustoßen, käme es zu einer freien Wahl, und dann würde das Volk, verunsichert durch die Turbulenzen des wilden Kapitalismus, höchstwahrscheinlich mit großer Mehrheit wieder die Kommunisten wählen. Und die Kommunisten könnten als Erstes die Umverteilung und Verstaatlichung frisch erworbener Reichtümer einleiten, um ihre »helle kommunistische Zukunft« zu finanzieren. Das mussten die Eliten verhindern. Schließlich hatten sie gerade erst mit Ach und Krach ihre helle Gegenwart aufgebaut, nämlich ein gutes Leben für sich selbst, für Freunde und Verwandte. Warum das alles wieder aufgeben?

Auf den alten Jelzin war aber kein Verlass mehr. Als Trinker hatte er beim Volk rapide an Glaubwürdigkeit verloren. Die Russen tranken zwar selbst oft und gern, mochten aber keine betrunkenen Machthaber. Alkoholiker bekamen in Russland zwar Mitleid und Verständnis, aber keinen Respekt. Die Eliten brauchten also einen nüchternen Nachfolger, der den Erwartungen der Bevölkerung entsprechen, gegen die Eliten aber nicht aufmucken würde. Diskret und spaßeshalber starteten zwei führende Meinungsforschungsinstitute eine groß angelegte Volksumfrage. Anhand von 25 Helden aus bekannten Filmen und Büchern sollten die Russen auswählen, wen sie gerne als Präsident ihres Landes sehen würden. Die Liste der Kandidaten reichte von Don Quijote, Sherlock Holmes, Hamlet, dem Baron von Münchhausen und Rambo bis zu dem von Bruce Willis gespielten John McClane. Der firmierte auf der Liste allerdings nicht unter seinem Namen, sondern als »Hauptdarsteller aus der Serie *Harte Nuss*«. Die amerikanischen *Die Hard*-Actionfilme, in Deutschland als *Stirb langsam*-Serie bekannt, liefen nämlich in Russland erfolgreich unter dem Titel *Die harte Nuss*. Und die Meinungsforscher hatten Sorge, dass sich nicht alle russischen Zuschauer den Namen des von Bruce Willis verkörperten Helden gemerkt hatten. Doch die Russen wollten sowieso weder Sherlock Holmes noch die harte Nuss als Präsidenten sehen. Die meisten Stimmen bekam in beiden Meinungsumfragen erstaunlicherweise der SS-Standartenführer Max Otto von Stierlitz, der coole Hauptheld der beliebtesten sowjetischen Fernsehserie *Siebzehn Augenblicke des Frühlings*.

In dieser Serie schleuste sich der sowjetische Spion Oberst *Maxim Maximowitsch Issajew* als SS-Offizier getarnt in die obersten Etagen der Wehrmacht ein, um Geheimnisse des Dritten Reiches zu erkunden. Die Serie gehörte nicht ins Action-Genre, sondern in die Kategorie des sogenannten »Betriebsdramas«. In den zwölf Episoden wurde so gut wie nicht geschossen, stattdessen saßen die berühmtesten Schauspieler des Landes die meiste Zeit in Naziuniformen in ihren Büros und sortierten Papiere oder besuchten einander auf ein Zigarettchen. Mal saß unser Held Stierlitz beim Gestapo-Chef Müller, mal kam Reichsminister Martin Bormann zu ihm zum Plaudern.

Die ganze Führungsetage des Dritten Reiches glich im Film einer Schlangengrube, in der jeder gegen jeden intrigierte. Die sowjetischen Zuschauer erkannten auf dem Bildschirm sofort ihren eigenen Arbeitsalltag, ihre Betriebe, ihre Büros. Die Interessenskollisionen zwischen den Parteigenossen, den munteren Kollegen der Staatssicherheit und dem bürokratischen Apparat waren wie in jedem großen und kleinen Betrieb der Sowjetunion gut nachvollziehbar. Sogar mein Vater, der als stellvertretender Leiter der Abteilung Planwesen in einem Betrieb der Binnenschifffahrt tätig war, konnte sich mit Stierlitz identifizieren.

Die Atmosphäre in der Planungsabteilung des Dritten Reiches schien von der Situation in seinem Betrieb abgeschrieben zu sein, nur dass die Darsteller im Film eben Naziuniformen trugen und einander mit »Heil Hitler« grüßten. Genau wie die sowjetischen Bürger waren die Filmdarsteller an die widersprüchlichen Aspekte ihres Seins gewöhnt: Sie dachten nicht das, was sie sagten, und taten nicht das, was sie dachten. Und jeder Zuschauer fühlte sich ein wenig wie Stierlitz. Max Otto war nicht nur ein Kundschafter, nicht nur Spion, er war der Vertreter des Guten in einer absolut bösen, feindlichen Welt. Er durfte niemals die Wahrheit sagen und seine wahren Absichten nicht offenbaren. Er wusste natürlich, dass diese Welt dem Untergang geweiht war, und der unvermeidliche Untergang spiegelte sich in seinem müden ironischen Lächeln wider. Dieses Lächeln eroberte die Herzen des sowjetischen Publikums, so als wollte jeder mit Stierlitz sagen: »Ich gehöre nicht hierher, auch wenn ich mit den anderen zusammen den Hitlergruß mache, das ist bloß Tarnung.« Ich glaube, sehr viele Kommunisten in der Sowjetunion fühlten sich ähnlich, aber was konnten sie tun?

In den ganzen zwölf Folgen hat Max Otto von Stierlitz dem Dritten Reich auch nicht sonderlich geschadet. Er wusste ja, diese unrechte Ordnung würde auch von alleine kaputtgehen. Er wollte nur den Schaden der Katastrophe begrenzen und vielleicht diejenigen retten, die noch zu retten waren. Damit traf der Film den Nerv der Zeit. Stierlitz-Witze und -Sprüche haben die sowjetische Folklore stark bereichert. Einen Satz hörte ich auch zu Hause oft. Am Ende jeder Folge saß Stierlitz nämlich in seinem Büro, um in Ruhe über die Ereignisse des Tages nachzudenken. In diesen seltenen Augenblicken konnte er sich ein wenig von seinem Nazidasein entspannen und dachte laut auf Russisch nach, was in dem Film mit einem Voiceover wiedergegeben wurde. Bevor er das tat, schickte er noch für alle Fälle seine Sekretärin nach Hause, damit sie ihn nicht beim Russischdenken erwischte. Zu diesem Zweck ging Max Otto an die Tür seines Büros, öffnete sie und rief: »Sie können gehen, Barbara.« Dieser Satz hat sich vielen Menschen eingeprägt. Auch meinem Vater. Wenn er an seinem freien Samstag in der Küche saß und meine Mutter sich beschwerte, »Es ist erst halb drei, und du machst schon die zweite Flasche Wein auf«, sagte Papa mit Stierlitz-Stimme: »Sie können jetzt gehen, Barbara.«

Die Meinungsumfragen zum Wunschkandidaten im Präsidentenamt waren eindeutig. Die Bürger wollten keinen Don Quijote im Kreml und keinen John McClane. Ein halbes Jahr später wurde der Öffentlichkeit der Nachfolger des alten, kränkelnden Boris Jelzin präsentiert. Es war ein unauffälliger Mann, ein ehemaliger Kundschafter, der früher in Deutschland spioniert hatte, sein Gegenüber niemals direkt anschaute und etwas müde ironisch lächelte.

Die Geschichte seiner Präsidentschaft erinnerte tatsächlich an eine nicht enden wollende Soap, eine Serie über das Leben der Spione, deren Drehbuch verloren gegangen war. Es mussten immer neue Staffeln gedreht werden, weil niemand wusste, wie die Serie glaubwürdig zu Ende gehen konnte. Neben der Türkei und Südamerika war Russland in den Neunzigern zu einem Land der endlosen Serien aufgestiegen. Sogar die Fans vergaßen in der Regel nach 150 Folgen, wie die Geschichte begonnen hatte, schauten aber trotzdem brav weiter. Die *Putin*-Soap brach jedoch alle Rekorde. Sie wurde zur längsten russischen Serie aller Zeiten und lief mittlerweile seit 22 Jahren ohne Pause auf allen Fernsehkanälen, und das jeden Tag von morgens bis abends. Ein Ende war nicht in Sicht.

Die Jugend konnte sich ihr Land ohne diese Serie und deren Protagonisten gar nicht vorstellen. Er war schon immer da gewesen. Mal spielte er Eishockey, mal ritt er halb nackt auf einem Pony oder rettete die Tiger in der Taiga. Außerdem konnte er gut schwimmen und Auto fahren. Er war schon einmal in einem Kranich-Kostüm mit einem Schwarm Kraniche geflogen und mit einem U-Boot auf dem Meeresgrund gewesen. Über seine Vergangenheit, seine Kinder, seinen Familienstand wusste man erstaunlich wenig. Und es fiel auf, dass sich sein Äußeres und seine Art zu reden von Staffel zu Staffel änderten. Mit der Zeit sah er immer jünger aus, redete aber wie ein alter Mann. Und er konnte sehr lange reden. Am liebsten erzählte er seinem Volk die Geschichte seines Landes und seiner Präsidentschaft immer wieder neu. Dabei verwandelte sie sich immer mehr in ein typisch russisches Märchen.

In deutschen Märchen finden die Heldinnen und Helden in der Regel durch harte Arbeit und Zurückhaltung ihr Glück. Sie müssen Frösche küssen und Alte pflegen, erst dann werden sie belohnt. In russischen Märchen sind die Helden in der Regel faul und schlau zugleich. Sie schlafen die meiste Zeit, und wenn sie nicht schlafen, tun sie alles, um nichts zu tun. Sie stellen jede von ihnen verlangte Anstrengung gleich infrage, verpassen alle Termine, bringen alles durcheinander, und nie im Leben würden sie Frösche küssen oder Linsen sortieren. Sie träumen davon, dass alle sie in Ruhe lassen, und plötzlich geschieht ein Wunder: Sie bekommen ein ganzes Königreich und die Prinzessin noch kostenlos dazu, ohne dass sie das alles jemals gewollt hätten. Oder sie werden plötzlich Präsident. Die Letzten werden die Ersten sein und wissen es nicht einmal zu schätzen.

Hatte Putin jemals davon geträumt, Präsident zu werden? Vaterlos aufgewachsen, hatte er seine schwierige Kindheit auf den Hinterhöfen Leningrads verbracht, wo er die erste Lehre in Sachen soziales Miteinander erhielt: Wenn ein Konflikt unvermeidlich ist, sollte man als Erster zuschlagen. So überrascht man den Gegner. Diesen Satz wiederholte der russische Präsident immer wieder in seinen unzähligen Interviews.

Aber wie erkennt man, ob ein Konflikt unvermeidlich ist, wenn einen niemand angreift? Die Psychologie sagt, dass Menschen, die unter Minderwertigkeitskomplexen leiden und sich ständig an anderen messen, sich auch permanent angegriffen fühlen. Sie reagieren oft gereizt, auch wenn es gar keinen erkennbaren Anlass gibt. Sie verspüren den Drang, sich ständig beweisen zu müssen, leben in einer Traumwelt und verwechseln diese oft mit der Realität. Den europäischen und amerikanischen Kollegen war dieser Mann von Anfang an fremd und später, als er zu drohen begann, höchst suspekt. Die Politiker des Westens nannten ihn »verrückt«, »wahnsinnig« und »aus der Zeit gefallen«. In meiner Armeezeit galt allerdings der Grundsatz: »Es wird niemand für verrückt erklärt, solange er keine Seife isst.« Und der russische Präsident aß keine Seife. Er war bloß ein einsamer Träumer, und niemand war da, um ihn aus seinem Traum zu wecken.

Meine Landsleute träumen gern. Die Realität ist trostlos. Die langen, schier endlosen sechs Wintermonate, ein dünn besiedeltes Land mit sumpfigen, schwierigen Böden und mageren Ernten, dazu ein archaischer Staat, der sich jeder Volkskontrolle entzieht und mit stumpfer Gewalt auf Widerstand reagiert, all das lädt die Menschen zum langen Schlafen und Träumen ein. Alle Versuche, die Realität zu reformieren, verliefen in Russland senkrecht von oben nach unten und lösten sich im Sumpf der Wirklichkeit auf.

Dafür gediehen auf diesem Boden die verrücktesten Ideen und gesellschaftlichen Konzepte. Von der Idee des Kommunismus – jeder nach seinen Bedürfnissen und jedem nach seinen Fähigkeiten – bis zu den skurrilsten Sekten der Vergangenheit, die es meines Wissens nirgends mehr gab: Gottesspringer nannten sich Menschen, die sich nur auf Stelzen bewegten, weil ihrer Überzeugung nach nur diejenigen einen Platz im Paradies finden würden, deren Fuß die sündige Erde nie berührt hatte. Die »Weißen Lämmer« kastrierten sich, um der Sackgasse der Erbsünde zu entkommen und sich besser auf das einzig Wesentliche zu konzentrieren: auf das Bewundern der Vielfalt der Schöpfung. Die Löchrigen hießen diejenigen, die in ihren Häusern ein großes Loch ins Dach bohrten, um nachts die Sterne sehen zu können.

Die ganze Kolonialzeit und die mit ihr verbundene Bereicherung der Europäer auf Kosten der Kolonisierten hatte Russland verschlafen. Während andere europäische Länder fleißig ihre Schiffe für lange Reisen ausrüsteten und in See stachen, um weit weg von zu Hause in Indien, Asien und Amerika die Einheimischen zu versklaven, waren die Russen damit beschäftigt, sich selbst zu kolonisieren. Sie gingen zu Fuß oder zu Pferd von zu Hause los und kolonisierten Tundra und Taiga im Norden, Steppen und Wüsten im Süden. Um der Leibeigenschaft zu entkommen, siedelten sie sich in Gegenden an, wo sich früher nur Hase und Wolf gegrüßt hatten, gaben sich jedoch keine große Mühe beim Ackerbau. Es konnte nämlich jederzeit passieren, dass sie, von ihrem eigenen Staat verfolgt und bedrängt, weiterziehen mussten.

Als vergleichsweise spät christianisiertes Volk kannten sie die Antwort auf die Hauptfrage des Christentums: Warum Jesus so lange auf seine Wiederkehr warten ließ. Er würde erst kommen, wenn die richtigen Leute christianisiert waren, die Sonntagskinder, die Träumer, diejenigen, die an das Wunder glaubten. Den Binsenweisheiten von Apostel Paulus und Co., die in den Menschen nur fleißige Ameisen sahen, konnten sie nichts abgewinnen.

Der Glaube an Wunder spiegelte sich später im kommunistischen Experiment und in der Abneigung gegen den Kapitalismus wider. Ein Tellerwäscher bleibt im Geiste immer ein Tellerwäscher, auch wenn er Millionär wird. Jede persönliche Anstrengung ist vergeblich, nur ein Wunder kann die Welt retten, erklärten die schnurrbärtigen russischen Philosophen unisono. Den Glauben an Wunder bewahrten sich die Russen auch in den Zeiten der Monarchie, des sozialistischen Aufbaus und im Fegefeuer des zu spät gekommenen Kapitalismus. Sie haben nie aufgehört zu träumen und schufen dabei ihre eigene Realität, eine Traumrealität.

In dieser Traumwelt war Russland schon immer eine Weltmacht, eine Großmacht, eine Supermacht. Diese mysteriöse Macht hatte nichts mit der wirtschaftlichen Stärke des Landes zu tun, nichts mit der Stärke seiner Armee oder der Anzahl atomarer Sprengköpfe, nichts mit Wohlstand und Reichtum der Bürger. All das waren aus russischer

Sicht nur Äußerlichkeiten, und sie konnten sich jederzeit in Schall und Rauch auflösen. Die einzige Grundlage jener Macht war die Fähigkeit, sich eine Welt zurechtzuträumen.

Allerdings ist eine solche Macht sehr zart. Der Stoff, aus dem die Träume sind, ist hauchfein, man benötigt spezielle Menschen, um sie zu bewahren. Deswegen war in Russland seit Anbeginn der Zeit die große Mehrheit der männlichen Bevölkerung beim Wachdienst beschäftigt. Wachmann war der perfekte Job für Tagträumer. Man musste nichts tun, außer auf einem Stuhl in einer Ecke zu sitzen. Der Sinn dieser Arbeit bestand in der puren Anwesenheit, die einem gleichzeitig Respekt und Verantwortung verlieh. Deswegen saßen in Russland vor jedem Laden, neben jeder Schranke, an jedem Parkplatz, vor jedem respektablen Wohnhaus und neben jedem Loch im Zaun Menschen in Fantasieuniformen. Einige hatten ein Buch in der Hand, andere einen kleinen Fernseher vor sich stehen, manchmal hatten sie Kopfhörer auf. Sie waren in der Regel harmlos und taten niemandem etwas. Sie saßen einfach da und schauten in den Himmel.

Die Elite dieser Wachmänner – der föderale Dienst der Staatssicherheit, früher KGB heute FSB genannt – zog mit dem Spion-Präsidenten in den Kreml und bewachte von dort aus das Land. Man hatte sich selbst den Auftrag erteilt, den Traumstaat als solchen sowie die eigene Macht zu schützen und aufzupassen, dass die Menschen nie wieder aus ihrem Traum erwachten. Die Wächter hatten nämlich schon einmal versagt: 1990 hatten sie kurz nicht aufgepasst, sie waren nur für einen Moment eingeschlafen oder eine rauchen gegangen, und die Bevölkerung wurde von den süßen Sirenen des Westens geweckt. Der Traumstaat Sowjetunion, die übergroße Supermacht, löste sich über Nacht in Luft auf, und niemand war da, um sie zu schützen.

Die Welt atmete damals erleichtert auf. Für den Westen bedeutete das Ende der Sowjetunion automatisch das Ende des Kalten Krieges. »Jetzt können wir uns endlich den wirklich wichtigen Problemen widmen, nämlich den Planeten vor einem ökologischen Kollaps retten«, dachten die leichtsinnigen Wessis. Aber für viele Menschen in der Sowjetunion war der Verlust des Traumlandes mit dem Verlust des sozialen Status verbunden. Sie hatten auf einmal keinen Stuhl mehr, keinen Platz, auf dem sie sitzen konnten. Eine ganze Generation von Wachmännern war zum Saufen und Fluchen verdammt, und das Verschwinden des von ihnen bewachten Traumlandes wurde zu einer nicht wiedergutzumachenden Schande. Die damalige Bundeskanzlerin Angela Merkel berichtete, der russische Präsident hätte in Gesprächen mit ihr die Auflösung der Sowjetunion mehrmals als größte geopolitische Katastrophe des Jahrhunderts bezeichnet. Bis heute ist die Erinnerung an die schrecklichen Neunzigerjahre für viele ehemalige Staatssicherheitsoffiziere ein Albtraum.

Auch Putin redete gern über die Vergangenheit, und die »verfluchten Neunziger« gehörten zu seinen Lieblingsthemen. Ausführlich erzählte er, wie es damals in den Neunzigern wirklich war: Das große, aber naive Land habe dem wilden Westen vertraut und wurde von ihm verraten, ausgenommen, abgehängt und dem Weltkapital zum Frühstück serviert.

»Die Amerikaner haben die sowjetischen Atom-U-Boote aus dem Wasser geholt und vor laufenden Kameras zersägt, sie haben unsere Raketen auseinandergenommen und die russische Regierung mit CIA-Agenten infiltriert«, erzählte der Präsident.

Er selbst, damals arbeitslos gewordener Oberst der Staatssicherheit, musste mit dem eigenen Auto Taxi fahren, um über die Runden zu kommen. Kurz vor dem Einmarsch in die Ukraine hatte er der Öffentlichkeit zwei Mal von seiner Karriere als Taxifahrer erzählt. Zuhörer und Journalisten waren sich daraufhin einig, dass diese Geschichte eine wichtige Rolle in seiner Innenpolitik spielen würde. Wollte er vielleicht die russischen Taxibetriebe unterstützen? Niemand konnte ahnen, dass er vom Taxi auf Panzer umsteigen und die Ukraine überfallen würde. War die Geschichte also nur ein Ablenkungsmanöver gewesen, um die Öffentlichkeit zu verwirren? Der Wahrheitsgehalt seiner Ausführungen war schon immer dürftig gewesen. Wenn er wirklich in den Neunzigern als Taxifahrer unterwegs war, warum hat sich bis jetzt kein einziger Fahrgast von ihm gemeldet? Entweder waren sie alle von der Staatssicherheit ausfindig gemacht und eliminiert worden, oder er war die ganze Zeit damals leer gefahren, weil sich niemand getraut hatte, zu ihm ins Auto zu steigen.

Eigentlich waren die verfluchten Neunziger die Zeit seines Aufstiegs und nicht nur seines. Neue liberale Gesetze hatten dafür gesorgt, dass Menschen mit Grips und Charisma innerhalb kürzester Zeit großartige Karrieren hinlegen konnten, vom Pionier zum Millionär oder eben vom Taxifahrer zum Präsidenten. Da konnte man nicht meckern.

1999 wollte der alte kränkelnde Präsident seinen Bürgern ein letztes Geschenk machen, bevor er in Rente ging. Er las die Ergebnisse der Umfragen in der Zeitung: »Ihr wollt also einen Spion haben«, dachte er, »einen wie Stierlitz? Ihr kriegt euren Spion!« Und so wurde ein Offizier des KGB zum Nachfolger des Präsidenten ernannt. Der Offizier hatte damals nur wenige Unterstützer unter den politischen Eliten des Landes, alle seine Freunde stammten aus demselben Verein. Später hat er sie in den Kreml mitgenommen, sie sollten die wichtigsten Einnahmequellen des Landes bewachen, außerdem die Machtzentralen, die Regierung und das Parlament.

Im ersten Jahr seiner Präsidentschaft begann Putin seine Rede vor den versammelten KGB-Offizieren anlässlich des

Jubiläums des Komitees mit den Worten: »Auftrag erfüllt, ich bin drin.« Und erntete donnernden Applaus. Die liberalen Medien schrieben damals, der Witz des Präsidenten sei gelungen. Sie konnten noch nicht wissen, wie viel Wahrheit in diesem Witz steckte. Der Wachdienst übernahm die Zügel der Macht. Dadurch bekam »der Traum« eine weltpolitische Bedeutung, er schlüpfte auf internationales Parkett. Auf einmal mussten sich die Wachmänner auch mit Weltpolitik befassen. Doch bereits Wladimir Lenin, der Führer des Weltproletariats, hatte gesagt: »Jede Köchin sollte den Staat regieren können.« So kompliziert wird es also nicht sein, dachten die Wachmänner. Das alte, noch aus der Sowjetzeit stammende Handbuch für angehende Offiziere der Staatssicherheit erklärte auf drei Seiten die weltpolitische Lage. Laut dieser Lektüre gab es drei Weltmächte, aber nur zwei, die auf diesem Planeten wirklich etwas zu sagen hatten, die Amerikaner und die Russen. Die dritte Weltmacht sprach Chinesisch, und Chinesisch verstand kein Mensch. Alle anderen Länder und Völker befanden sich vermeintlich in den »Einflusssphären« der Weltmächte, sie waren demnach reine Komparsen und hatten im weltpolitischen Theater eine Rolle ohne Text. Diese Völker hatten keinen eigenständigen Willen, wenn also die Menschen in irgendeinem Land auf die Straße gingen, gar ihre Regierung stürzten, musste eine der Großmächte dahinterstecken.

Im Dezember 2010 begann der Arabische Frühling. Zuerst gingen die Menschen in Tunesien auf die Straße, später in Algerien, im Irak und in Ägypten, die Libyer kamen dazu, und die autokratischen Regierungen und Diktaturen fielen wie Kartenhäuser in sich zusammen. Im Kreml verfolgte man diese Entwicklung mit großer Sorge. Auch in Moskau gingen immer mehr Menschen auf die Straße und forderten ihre politischen Rechte zurück. Und es kam noch schlimmer: Sie wollten ihren Präsidenten selbst wählen. Im Handbuch der KGB-Offiziere stand schwarz auf weiß, dass man das Volk nicht wählen lassen durfte. Die Menschen waren zu blauäugig, zu naiv. Ließ man sie wählen, würden sie mit Sicherheit entweder einen Schurken oder einen Idioten wählen. Man gibt Kindern ja auch keine Streichhölzer zum Spielen.

Besonders betroffen war die russische Führung über die Bilder aus Libyen. Der schlaue Diktator Muammar al-Gaddafi, ebenfalls ein ehemaliger Oberst, der seit 42 Jahren das Land regiert hatte, wurde offenbar brutal ermordet. Noch einen Tag vor seinem Tod hatte er laut offiziellen Umfragen die Unterstützung von 99 Prozent aller Libyer. Nun wurde seine Leiche wie eine Trophäe in einem Kühlhaus ausgestellt, und seine angeblichen Unterstützer standen Schlange, um sie anzuspucken oder mit einem Besenstiel zu berühren. Der Arabische Frühling schien ein erfolgreiches Konzept für den Machtwechsel in nicht demokratisch regierten Ländern zu sein. Die Frage war bloß, wer steckte dahinter?

Zwei Jahre später gingen die Menschen in der Ukraine auf die Straße und stürzten ihren Präsidenten. Unser Spion zweifelte nicht, dass das Ganze eine Provokation der Amerikaner war. Wer sonst könnte dahinterstecken? Die Russen selbst waren es nicht gewesen, die Chinesen auch nicht. Blieben also nur die Amis übrig. Ein cleverer Schachzug. Es war klar, die Amerikaner wollten die Ukraine als Ersatzschlachtfeld nutzen, sie hatten es auf das russische Traumreich abgesehen. Wenn ein Konflikt unausweichlich ist, muss man als Erster angreifen, hatte der Chef gedacht und seine Leute auf die Krim und in die Ostukraine geschickt. Es begann ein Stellvertreterkrieg, der sich zuerst hauptsächlich auf diplomatischem Parkett abspielte. Die Beziehungen zwischen beiden Ländern verschlechterten sich beinahe täglich, Diplomaten wurden ausgewiesen, Konsulate geschlossen. Die *Putin*-Soap erreichte einen Höhepunkt.

Schon damals flohen die Menschen aus Russland. Sie ahnten Schlimmeres. Es wurde immer schwieriger, beinahe unmöglich, ein amerikanisches Visum zu bekommen. Sogar die amerikanische Botschaft in Moskau war dicht. Einige versuchten es über Indonesien, andere suchten ihr Glück in Warschau. Sofern sie einen Reisepass mit EU-Visum besaßen und mit Westvakzinen geimpft waren, konnte es klappen. In Amerika lebten offiziell nur etwas über drei Millionen Russen, die meisten hatten ihre russische Staatsangehörigkeit nicht aufgegeben. Und jedes Jahr kamen neue hinzu. Wer weiß, wie viele von ihnen früher beim Wachdienst gearbeitet hatten? Wahrscheinlich dachten die Amerikaner, alle Russen, die nach Amerika reisen wollten, hatten nur eins im Kopf, sich in den amerikanischen Wahlkampf einzumischen oder zu spionieren. *The Americans*, eine Fernsehserie über russische Spione, wurde mit Emmys und Golden Globes überschüttet und zählte zu den beliebtesten Produktionen in den USA. Der Serienmarkt in Amerika ist groß, und die meisten Serien laufen in der Regel nach acht Staffeln aus. In anderen Ländern dauern sie oft Jahrzehnte, und die Darsteller altern mit den Zuschauern zusammen. Die russische Gesellschaft spaltete sich.

Während die einen hastig das Land verließen, träumten sich die anderen ihre Vergangenheit zurück. Im Fernsehen wurden Nostalgieshows gezeigt, und Musiksendungen wie »Die alten Lieder über das Wichtigste« eroberten die Herzen der Zuschauer. Die neuen Stars, die Idole der Popkultur, mussten ihre Gucci-Klamotten ausziehen und rein in die alten sowjetischen Anzüge, sie mussten Arbeiter und Bauer mimen und alte sozialistische Schlager covern, um an der Spitze der Charts zu bleiben.

Natürlich hat man das mit einem lachenden Auge beobachtet. Allen war klar, was vorbei war, war vorbei. Eine alte Volksweisheit besagt: »Das Gehackte kann man nicht rückwärts drehen, aus einer Boulette wird kein Rind entstehen.« Aber warum eigentlich nicht?, dachte der Präsident. Hat es schon mal jemand probiert? Und wenn alle fest daran glauben, die Augen schließen, die Luft anhalten und sagen: Stopp! Rad der Zeit! Wende dich! –, würde es dann nicht anhalten oder sich sogar rückwärts drehen lassen?

Schritt für Schritt begann Putin die Vergangenheit nachzubauen. Er nahm den Menschen die letzten bürgerlichen Freiheiten weg und ersetzte unabhängige Richter, mündiges Parlament und freie Presse durch seine Handlanger. Er manipulierte die Wahlen, schrieb das Grundgesetz um und nahm sich mehr Macht, als die russischen Zaren oder ein sozialistisches Politbüro je gehabt hatten. Die Wirtschaft wurde wieder verstaatlicht, das Geld in die Militarisierung gesteckt, die alten, von den Amerikanern zersägten U-Boote von der Müllhalde geholt und wieder zusammengeschweißt. Alle namhaften politischen Gegner wurden in den Knast gesteckt, des Landes verwiesen oder vernichtet. Die russischen Geheimagenten mit der Lizenz zum Töten jagten überall auf der Welt in Ungnade gefallene Banker, ehemalige Politiker und zu frech gewordene Journalisten. Oft kamen dabei auch Menschen um, deren Namen keiner kannte. Waren es zufällige Opfer oder vielleicht die Passagiere aus Putins Taxi, damit sie niemandem erzählen konnten, wie viel Trinkgeld sie ihm damals gegeben hatten?

Der neue Traum Russlands war eine auf den Kopf gestellte Welt. Gleich nach Beginn des Krieges gegen die Ukraine, den man nicht »Krieg« nennen durfte, sprach der Präsident im Moskauer Luschniki-Stadion von der großen Liebe, die er zu den Menschen in diesem Land empfinde. Er zitierte aus der Bibel, dass es keinen größeren Liebesbeweis gäbe, als sein Leben für die Freunde zu opfern. Die Tatsache, dass seine »Freunde« im Osten der Ukraine von ihm getötet, ihre Kinder verschleppt, ihre Häuser zerschossen wurden, dass er die Ostukraine vernichtete, hielt ihn nicht davon ab, von seiner Liebe zu dieser Region zu sprechen.

Man könnte seine spezielle Operation eine »Erzwingung der Liebe« nennen. Er wollte von der Welt akzeptiert und geliebt werden. Nicht für irgendwelche herausragenden Eigenschaften, nicht für das Versprechen einer Demokratie, nicht für das Versprechen eines Friedens, sondern einfach dafür, wie er war, wie er sich selbst sah: als großen Weltmacher. Er wollte die ganze Welt in seinen Traum mitnehmen.

Eine Weile hatte er sogar das Gefühl, es würde funktionieren. Seit er diese neue gefährliche Pirouette drehte, also Krieg in Europa führte und auf eine Konfrontation mit dem Westen setzte, war das Interesse an Russland, an ihm selbst und seiner geheimnisvollen russischen Seele deutlich gestiegen. Auf einmal wurde er von meinungsbildenden amerikanischen Zeitschriften zum mächtigsten Mann der Welt gekürt, als Fürst der Dunkelheit bezeichnet und als jemand gesehen, der überall die Fäden zog. Seien es die Kongresswahlen in den USA, der Hunger in Afrika, die Inflation in Europa – überall wurde die »unsichtbare Hand Moskaus« gesehen, die Angst und Verwirrung säte. So funktionierte es plötzlich mit dem Westen. Je frecher man sich zeigte, umso besser.

»Wer ist der Mann mit der eisernen Faust?«, titelten daraufhin die Zeitungen der freien Welt. »Was will er?« War Putin der neue russische Zar, der dem gestürzten Imperium wieder auf die Beine half? Oder ein aus der Zeit gefallener Autokrat, der sich mit letzter Kraft an der Macht festzuklammern versuchte? Wie ernst sollte man seine Drohungen nehmen, und wer konnte ihn beruhigen? Biden, Macron, Johnson? Oder gar Scholz? Möglicherweise würde ihn Frau Merkel verstehen, sie war aber nicht mehr im Amt. Sie wollte nicht mehr mit ihm reden, war zeitig in Rente gegangen, obwohl sie zwei Jahre jünger als er ist. Für ihn war die Rente keine Option. Und das Jahr 2022 schien ein heißes Jahr für ihn zu werden, das Jahr des großen Spiels. Alles oder nichts.

Der russische Taxidriver hatte die Schwäche des Westens erkannt. Der Preis für das menschliche Leben ist hier nicht verhandelbar. Jedes Leben genießt in unserer Gesellschaft den höchsten Wert, und die Würde aller Menschen ist unantastbar. Manchmal ist aber die unbedingte Fortsetzung des Lebens mit dem Verlust der Würde verbunden, ein Geheimnis, das jeder kennt.

Das Jahr 2022 war laut chinesischem Horoskop das Jahr des Wasser-Tigers. Selbstbewusstsein, Abenteuerlust und Risikofreude waren gefragt, nicht gerade Eigenschaften, mit denen der Westen glänzte. Die Politiker des Westens telefonierten ununterbrochen mit Putin, ohne sich um die Telefonkosten zu scheren. »Na warte«, dachten sie wahrscheinlich. »Das nächste Jahr wird das Jahr des Hasen sein, dann sind wir wieder wer.«

## 97 Sekunden vor dem Weltuntergang
### *Russenkorsos*

Eine deutsche Band, die in Russland viele Fans hat, schrieb mir: »Lieber Wladimir, wir müssen die russische Seele retten! Lass uns zusammen einen Song singen unter dem Motto: ›Mütterchen Russland! Was ist bloß mit dir los? Hast du deine Tabletten nicht genommen? Oder hat dich die giftige Biene Maja gebissen?‹«

Ich lehnte das Mitsingen höflich ab. Im Gegensatz zu den Musikern wusste ich, dass dieses Mütterchen schon immer eine schräge, gewalttätige Hexe war. Bereits in den Achtzigerjahren hatten meine Freunde und ich keine Illusionen mehr, was unseren Staat betraf. Wir waren uns sicher, er würde uns irgendwann umbringen. Wenn nicht jetzt gleich in Afghanistan, dann später in einem der unzähligen Kriege, die seine Daseinsberechtigung verlangte. Allein die Tatsache, dass wir unter keinen Umständen das Land verlassen durften, war Grund genug, diesem Staat nicht zu trauen. Wir fühlten uns äußerst unwohl hinter dem Eisernen Vorhang. Für uns gab es keine Verbindung nach draußen, nur Stasileute durften ins Ausland reisen.

Und selbst die durften ihre Familien nicht mitnehmen, sie mussten als Geiseln zu Hause bleiben.

1990 fing Gorbatschow an, mit der Freiheit zu experimentieren. Der Eiserne Vorhang öffnete sich einen Spaltbreit, und ein Freund erzählte mir, man könne über die belarussisch-polnische Grenze ohne Reisepass in die DDR einreisen, Erich Honecker nähme Juden aus der Sowjetunion auf. Später stellten wir fest, es war gar nicht Honecker, aber dennoch möchte ich an dieser Stelle sagen: Danke, Erich! Wir fuhren sofort los, denn wir wussten, die Freiheit war bei uns ein seltener Gast, sie würde nicht lange bleiben. Früher oder später würde sich der Vorhang wieder schließen.

In Ostberlin angekommen, war ich beeindruckt, wie freundlich die Einheimischen zu uns waren. Wir waren für sie die Verkörperung der geheimnisvollen russischen Seele, die Enkelkinder von Tolstoi und Dostojewski, die Neffen von Tschingis Aitmatow, den bekanntesten Botschaftern der russischen Seele in der ehemaligen DDR. Die Ostdeutschen hatten Russisch in der Schule gelernt und konnten sogar das berühmte Wort »Dostoprimetschatelnosti« aussprechen, zu Deutsch »Sehenswürdigkeiten«. Sie waren alle 1976 in Leningrad zu Besuch gewesen, hatten das größte Land der Welt mit der Transsibirischen Eisenbahn von West nach Ost durchquert und waren dabei an jeder kleinen Station von freundlichen Babuschkas nahezu kostenlos mit Pelmeni und Salzgurken versorgt worden. Einige von ihnen hatten sogar Extremtourismus in der Taiga betrieben: zwei Wochen im Wald nur mit Russen als Begleitung! Außerdem waren sie staatlich verpflichtet, Brieffreunden in der Sowjetunion regelmäßig zu schreiben:

»Lieber Wassily! Herzliche Grüße aus Karl-Marx-Stadt. Mir geht es gut. Wie geht es Dir?«

»Musstet ihr auch solche Briefe schreiben?«, fragten mich meine neuen ostdeutschen Freunde. Wir mussten nicht. Damals streckte die Sowjetunion ihre Fühler über die halbe Welt aus, und aus allen Himmelsrichtungen erhielten wir Freundschaftsbriefe, aus Afrika, Asien, Europa. Wir konnten sie gar nicht alle beantworten. Ich glaube, das hätte uns der KGB auch gar nicht zugetraut. Bestimmt gab es dort eine spezielle Abteilung für die Beantwortung von Freundschaftsbriefen, oder man hatte schon damals eine Freundschaftsbriefschreibmaschine in Betrieb:

»Lieber Günter, mir geht es gut, danke der Nachfrage. Mit sozialistischen Grüßen aus Engels nach Karl-Marx-Stadt!«

Ich habe das meinen deutschen Freunden natürlich nicht erzählt, sondern nur genickt. »Klar«, sagte ich, »wir hatten die ganze Zeit nichts anderes zu tun, als Briefe zu schreiben.«

Ich versuchte stets, diese Freundlichkeit aufrechtzuerhalten. Wenn ich meine Russendisko in Sachsen oder

Brandenburg veranstaltete, kamen oft ältere Menschen wie zum Karneval in sowjetische Uniformen gekleidet. Meiner Tochter wurde immer mal wieder eine Mütze mit Stern oder ein Armeegürtel angeboten. Sie, eine in Berlin geborene und aufgewachsene Femopazifistin, wies solche Militär-Souvenirs empört zurück. Und auch meine Armeejahre in Russland zählten nicht zur schönsten Zeit meines Lebens. Okay, dachte ich, wahrscheinlich sehen wir hier eine Spätfolge des Stockholmsyndroms. Diese Menschen waren in der sowjetischen Besatzungszone aufgewachsen. Die Besatzer waren irgendwann gegangen, aber bevor sie abzogen, haben sie ihre Uniformen zusammengefaltet und den ehemals Besetzten gegen Kleingeld überlassen. Die befreiten Besetzten zogen die Uniformen der ehemaligen Besatzer an, um so kostümiert ihre Befreiung zu feiern. Diese komplizierte Theorie hatte ich mir zurechtgelegt, um mir die Vorliebe der Einheimischen für sowjetische Uniformen zu erklären.

Die Wahrheit war viel schlichter. Die Zeit der Besatzung war für diese Menschen die beste Zeit ihres Lebens gewesen, nämlich die ihrer Kindheit und Jugend. Und die hatte man nur einmal im Leben. Sie hatten als Kinder auf einem Militärgelände gespielt, durften mit ihren Schlitten vom Dach des Hangars, in dem die sowjetischen Jagdflugzeuge standen, herunterrodeln, und brachten den Soldaten dafür Wodka aus der Kaufhalle mit, weil die armen Jungs sich nicht aus dem Kasernenbereich entfernen durften. Die Soldaten gaben reichlich Trinkgeld, schließlich war ihre geheimnisvolle russische Seele unter anderem auch für ihre Großzügigkeit bekannt. Es ist schade um sie.

Meine Brandenburger Freunde nahmen sich den Konflikt zwischen Russland und Europa sehr zu Herzen. Sie konnten allerdings Russland und die Ukraine nicht wirklich auseinanderhalten. Für sie waren es Brudervölker, die einander aus unerfindlichem Grund plötzlich bekämpften. Nur dass die einen eigene Waffen hatten und die anderen aus alten Beständen der NVA beliefert wurden. Das hat meine Brandenburger Nachbarn, ehemalige NVA-Offiziere, ziemlich geschockt. Die Nachrichten und Bilder von kaputten Panzern und verrosteten Strela-Flugabwehrraketen, die wie aus dem Nichts auftauchten und die Ukrainer vor den russischen Bomben retten mussten, brachen ihnen das Herz. Selbst bei einem Friedensmarsch durch Neuruppin, den wir zusammen organisierten, sprachen die Rentner mit Herzschmerz vor allem über ihre rostigen Raketen und ostdeutschen Kanonen ohne Munition. Sie schimpften über den Westen und die Bundeswehr, die ihre alten Waffen nicht einmal vernünftig lagern konnte. Vor allem wunderten sie sich, dass ausgerechnet diese Waffen nach so vielen Jahren nun doch zum Einsatz kamen, um in der Ukraine ausgerechnet eine russische Intervention zu unterbinden. Das hätte niemand gedacht, schüttelten die Rentner fassungslos den Kopf.

Ich war sehr neugierig, ob die felsenfesten Stereotypen, die Klischees der lustigen Russen und ihrer geheimnisvollen Seele, diesen Umständen standhalten würden. Langsam gaben sie nach. Es fing wie immer bei den Kindern an. Aus Prag hörte ich von Freunden, tschechische Kindergärten und Schulen würden vom Bildungsministerium aufgeklärt, wie sie mit den Kindern über den Angriff Russlands auf die Ukraine reden sollten. In dem Papier stand, man solle in Klassen, in denen belarussische, ukrainische und russische Kinder zusammen lernten, besonders vorsichtig und aufmerksam sein. Die Kinder dürften nicht aufgrund ihrer Nationalität und Herkunft benachteiligt werden, sie trügen keine Schuld für das Handeln der Regierungen.

Berliner Mütter schrieben in Berlin an die Leitung einer Grundschule, ihre Töchter wären aufgrund ihrer russischen Herkunft gemobbt und als »Putins Schlampen« beschimpft worden – das ginge überhaupt nicht! Die Schulleitung möge die Schüler aufklären. Eine Bekannte wurde mit ihrem Mann aus einem Taxi geworfen und beschimpft, weil sie sich auf Russisch unterhielten und der Fahrer Ukrainer war. Und ich selbst bekam gut gemeinte Mails von unbekannten Verehrern: »Sehr geehrter Russe«, schrieb mir einer. »Hoffentlich haben Sie Ihre Koffer schon gepackt. Sie sind bei uns eine unerwünschte Person. Hauen Sie ab, solange es noch gesittet zugeht. Nur ein toter Russe ist ein guter Russe.«

Es blieb aber bei solchen Einzelfällen. Mein Freund Kyrill erzählte mir von einem blöden Lehrer in der Berliner Schule seiner Tochter. Sie ging in die erste Klasse, die Familie war erst vor einem Jahr aus Russland nach Deutschland gekommen. Der Klassenlehrer der Tochter, ein Mann mit weißem Bart, der nicht in Rente gehen wollte, beschloss, die Jugend politisch zu informieren. Er erzählte den Kindern vom Krieg und fragte, auf wessen Seite sie in diesem Konflikt stünden. Alle Schüler waren für die Ukraine, nur die Tochter meines Freundes hob die Hand für Russland. Sie stammte eben aus Russland, hatte ihre Großeltern dort, und ihre schönsten Erinnerungen waren mit dem Land verbunden. Außer ihr hatte nur ein türkischer Junge für Russland gestimmt, ein Außenseiter, der grundsätzlich gegen den Strom schwamm. Ihn interessierte der Krieg gar nicht, wahrscheinlich hatte er dem Lehrer nicht einmal zugehört, dachte aber, wenn alle für die Ukraine waren, müsse er gegen sie stimmen. Die ganze Klasse schaute mit Entsetzen auf das Mädchen, und in der Pause wollte niemand mit ihm spielen. Das Mädchen weinte, beschwerte sich beim Lehrer, und der Blödmann sagte zu ihr: »Na, da kann dir nur dein Putin helfen.«

Die Eltern waren von dieser politischen Erziehung alles andere als begeistert und verfassten einen Brief an die Schuldirektorin: Man könne nicht die Kinder für den Mist verantwortlich machen, den die Erwachsenen anrichteten.

Die Direktorin lud die Eltern zu einem Gespräch ein und bestellte den Lehrer dazu. Nach einem kurzen Meinungsaustausch war die Sache klar, der Lehrer entschuldigte sich.

Dennoch machte der Begriff der »Russophobie« die Runde. Er wurde von den russischen Propagandamedien sofort aufgegriffen und an die große Glocke gehängt. Plötzlich machte sich unsere Verwandtschaft im Nordkaukasus Sorgen um uns. Meine Schwiegermutter rief an und warnte uns:

»Geht um Himmels willen nicht auf die Straße! Bei uns im Fernsehen wurde berichtet, dass überall in Europa Russen zusammengeschlagen werden. Ukrainische Geflüchtete greifen russische Lkw-Fahrer an, russische Schulen werden angezündet, russische Bücher aus den Bibliotheken entfernt, und Tschaikowsky wird nirgends mehr gespielt. Die Ukrainer wollen die russische Sprache und Kultur vernichten. Deswegen hat der ukrainische PEN einen weltweiten Totalboykott russischer Bücher gefordert, jegliche Verbreitung russischer Literatur soll gestoppt werden. Die Russophobie ist auf dem Vormarsch.«

Das mit den Büchern war für mich keine Neuigkeit, ich wusste schon immer: Dostojewski ist an allem schuld. Alles andere aus dem Schwiegermutter-Bericht hielt ich für Unsinn. Ja, es waren tatsächlich Bücher aus den Bibliotheken und Geschäften verschwunden, aber nicht in Deutschland, sondern in Russland. Auf Anweisung des Kulturministeriums mussten alle Werke von Schriftstellern aus den Regalen verschwinden, die sich gegen den Krieg geäußert und das Land verlassen hatten. In Berlin besuchte meine Mutter jede Woche die Philharmonie, um sich ein russisches Konzert anzuhören. Ihrem Bericht zufolge wurde dort fast nur noch Tschaikowsky gespielt, unter anderem wurde die *Pique Dame* in der Staatsoper aufgeführt.

Ich wunderte mich, dass meine Schwiegermutter einen Begriff wie »Russophobie« überhaupt verwendete. Ich hatte das Wort noch nie zuvor von ihr gehört. Anscheinend war diese Russophobie tatsächlich zum Lieblingsthema der russischen Propaganda geworden, für den Gebrauch im eigenen Land bestimmt, um den Zuschauern zu zeigen, dass niemand auf der Welt sie mochte, außer Putin. Auf unsichtbaren Pfaden wanderte das Wort kurze Zeit später in die deutschen Medien aus. Auf einmal bekam ich Journalistenanfragen, ob ich oder meine Landsleute sich in Deutschland angegriffen fühlten, ob meine Lesungen überhaupt noch stattfinden konnten.

»Stimmt es, dass die russische Kultur gecancelt wird, russische Produkte aus dem Regal genommen, russische Kinder in der Schule gemobbt werden?«, fragten mich die Journalisten. »Angeblich soll Russischbrot in ›Ukrainischbrot‹ umbenannt werden und Russische Eier in ›Ukrainische Eier‹. Was halten Sie davon?«

Diese Fragen machten mich ratlos. Wie verpeilt dürfen Menschen eigentlich sein? Während die Menschen in der Ukraine aus ihren Häusern gebombt wurden, ihr Leben und ihr Land verloren, machten sich die Journalisten hier Sorgen um Russische Eier? Oder darum, dass die Einheimischen bei REWE ihren Lieblingswodka nicht mehr bekamen? Im Lebensmittelladen Kasatschok, der bei uns im Bezirk russische Produkte verkaufte, hatte der Besitzer tatsächlich eine Bestandsaufnahme durchgeführt und allen Waren eine neue Identität verliehen: In seinem Sortiment waren auf einmal nicht mehr Teigtaschen, Auberginenpüree oder Schokolade, sondern »ukrainische Teigtaschen«, »lettische Schokolade« und »georgisches Auberginenpüree«. Dasselbe war im russischen Restaurant zwei Straßen weiter passiert. Dort gab es keinen Krimsekt mehr, dafür glänzte der Laden mit kaukasischer Küche.

»Nein«, sagte ich in jedem Interview zu jeder Zeitung. »Es gibt keine Russophobie in Deutschland.« Daraufhin erhielt ich Post von Bekannten und Unbekannten, die mir das Gegenteil beweisen wollten. Eine kinderreiche Mutter beschwerte sich, sie müsse mit ihren Kindern für jedes Konzert Eintritt zahlen, während es ukrainische Mütter kostenlos besuchen durften. »Das hatte sicher damit zu tun, dass ich Russin bin!«, behauptete sie.

»Nein, meine Liebe«, antwortete ich. »Das hatte damit zu tun, dass die Veranstalter keinen Eintritt von Geflüchteten verlangen wollten. Die Menschen in der Ukraine haben ihr ganzes Hab und Gut in der Heimat gelassen, viele mussten in Panik und Verzweiflung einen Bus besteigen, um zu fliehen. Bist du geflüchtet oder verzweifelt? Nein. Also kannst du zwanzig Euro Eintritt bezahlen.«

Je stärker ich die Russophobie bekämpfte, umso prominenter wurde das Thema in den Medien ausgetragen. »Wenn es so weitergeht, werde ich bald selbst zum Russophobiker«, dachte ich. Und dann kam es ganz dicke. »Die Russen protestieren gegen Ausgrenzung«, titelte beinahe jedes Blatt. Die sogenannten »Russenkorsos« kamen, ein neues Wort, eine Missgeburt des Krieges. Als »Russenkorsos« bezeichnete man Autokonvois, bei denen Russen im Kreis fuhren und aus dem Fenster mit Russlandfahnen winkten. Jede neue Krise bereicherte die deutsche Sprache. Die Flüchtlingskrise hatte uns Pegida beschert, Corona gebar die Querdenker und der Krieg in der Ukraine die Russenkorsos. Es waren vom Erscheinungsbild immer die gleichen Leute, auch wenn sie nicht immer dieselbe Sprache sprachen. Querdenker und Russenkorsos fusionierten irgendwann zu einer Gruppe und fuhren zusammen durch die Gegend.

Diese prorussischen ungeimpften Autokorsos fanden an mehreren Orten in Deutschland statt, in Lörrach, in Hannover, in der Nähe von Bonn, ausgerechnet dort, wo die russischen Konsulate besonders zahlreich besetzt waren. In Berlin nahmen fast neunhundert Fahrzeuge an so einem Korso teil, alles teure moderne Autos mit großen russischen Flaggen dekoriert. Niemand wusste, woher diese Menschen kamen, wer die Gruppe organisiert und die Fahnen verteilt hatte. Möglicherweise hatten sie sie selbst mitgebracht. Aber ich hielt es für abwegig, dass es Menschen geben sollte, die Staatsfahnen von der Größe einer Tischdecke in ihrem Haushalt vorrätig hatten.

Das Medieninteresse war riesig. Eine Menge Journalisten beobachteten das Ganze, wurden beschimpft und angespuckt, »Lügenpresse« wurde geschrien.

»Wir leben in einer Demokratie, ihr müsst uns aushalten«, lachte eine mollige Russenfahnenbesitzerin in die Kamera.

Die Medien suchten eine Sensation, etwas, worüber sich Otto Normalverbraucher aufregen konnte. Da passten die verwirrten Russen perfekt ins Bild. Ständig bekam ich Angebote, mit einem Fernsehteam zu einer solchen Demo zu fahren und meine Landsleute zu interviewen. Ich lehnte höflich ab. Die Teilnehmer der Russenkorsos taten mir leid, sie litten augenscheinlich an einer kognitiven Dissonanz, an unvereinbaren Wahrnehmungen, hervorgerufen durch angestrengtes Anschauen der staatlichen russischen Fernsehpropaganda. Aus den russischen Nachrichten erfuhren diese Menschen, dass die glorreiche russische Armee die Ukrainer aus den Kellern und Ruinen ihrer Häuser befreite, wo sie von den ukrainischen Nationalisten und deren

Befehlshabern in Europa festgehalten worden waren. Die Russen hielten sich selbst für die Befreier und den Rest der Welt für Faschisten, wollten diese aber gleichzeitig befreien. Von wem? Und für wen hielten sich die Demonstranten, die an diesen Autokorsos teilnahmen – für die Befreier, für Faschisten oder für Menschen, die befreit werden wollten? Sie hatten Putins Porträt auf ihre Autos gesprüht. Er führte Krieg gegen Europa und die NATO. Sie lebten in Europa und mit der NATO, fühlten sich von Putin jedoch nicht bedroht. Und sie waren nun täglich in den Nachrichtenprogrammen. Im russischen Fernsehen waren sie die Unterdrückten, im deutschen Fernsehen die gefährlichen Idioten.

Tausende und Abertausende meiner Landsleute nahmen ukrainische Geflüchtete bei sich auf, halfen, wo sie nur konnten, arbeiteten ehrenamtlich auf den Bahnhöfen, spendeten Geld und sammelten Kleidung. Doch sie kamen in den Nachrichten nicht vor. Mit diesen Menschen war keine Sensation zu machen, sie waren zu normal. Die Versprengten und Verwirrten dagegen sorgten fleißig für gute Einschaltquoten. Das Ganze hieß ausgewogene Berichterstattung. Es war wie damals zu Beginn der Pandemie, als in den vielen Talk-Shows immer zwei Meinungen vertreten werden mussten und neben Ärzten und Virologen immer ein Verwirrter saß, der einerseits erzählte, das Virus gäbe es gar nicht, und gleichzeitig behauptete, Bill Gates wolle damit die Weltherrschaft erlangen. Und egal wie abwegig diese Meinung klang, bei den Zuschauern entstand der Eindruck, es gäbe in der Gesellschaft zwei gleichberechtigte Meinungen zu diesem Thema. Bei den Corona-Debatten sahen die Fernsehmagazine schnell ihren Fehler ein und ließen missliebige Meinungen schließlich gar nicht mehr zu Wort kommen. Für die Ukraine-Debatten gaben die Russenkorsos allerdings Bilder her, auf die niemand verzichten wollte. Sie waren einfach zu schräg. Also dachten bald viele im Land, alle Russen in Deutschland würden durchdrehen.

Die russische Botschaft erkannte die günstige Situation schnell und richtete eine spezielle Internetplattform ein, auf der russischsprachige Bürger sich beschweren durften. Einer schrieb, er habe eine Putin-Karikatur an der Wand eines Kölner Hotels gesehen, das Bild habe ihn zutiefst gekränkt. Eine Dame erzählte, sie habe bei der Arbeit Putins Krieg verteidigt, die russischen Fernsehnachrichten nacherzählt und sei dafür von ihren Kollegen aufs Heftigste beschimpft worden. Ein anderer hatte eine russische Fahne in seinem Vorgarten gehisst und war daraufhin vom Nachbarn als Faschist bezeichnet worden. Die Menschen, die sich beschwerten, blieben anonym.

Es kursierten Gerüchte in der russischen Community, wonach alle, die keinen deutschen Pass hatten, bald in die Heimat zurückgeschickt würden, auch junge Leute, die hier studierten, als wären sie Kriegstreiber.

In der Playoff-Runde für die Fußball-WM in Katar sollte die russische Nationalmannschaft gegen Polen spielen, im Fall eines Sieges gegen Tschechien und Schweden. Alle drei Mannschaften verzichteten auf das Match, niemand wollte mit den Russen spielen. Die Sanktionen der FIFA waren zu diesem Zeitpunkt noch nicht verhängt, also ging der Sieg an die Russen. Sie hatten gute Chancen, Weltmeister zu werden, ohne auch nur den Rasen zu betreten. Die Mannschaft wurde dann jedoch von der WM-Qualifikation ausgeschlossen.

Noch härter als die FIFA hat es Fife, die internationale Katzenzüchterföderation, den Russen gezeigt. Sie hat alle russischen Katzen aus ihren Wettbewerben verbannt: »Katzen, die sich im Besitz von russischen Staatsbürgern befinden, werden von internationalen Wettbewerben ausgeschlossen«, hieß es.

Nach einem alten russischen Volksglauben bewachen Katzen das Tor zur Hölle und sorgen dort für Ordnung. Und sie sind sehr nachtragend. Sollte Putin bald in der Hölle schmoren, bekäme er dort mit Sicherheit die am meisten zerkratzte Pfanne und zwar komplett ohne Fett.

# 96 Sekunden vor dem Weltuntergang

## *Der Fluch der traditionellen Familie*

Zu Ostern wollte eine große Zeitung, nach eigenen Angaben die größte des Landes, die in Deutschland traditionell viel beschimpft und noch mehr gelesen wird, eine Reportage darüber machen, wie die vor dem Krieg geflüchteten Ukrainer sich in Deutschland fühlten, wie sie mit ihren Gastgebern klarkamen. Der Redakteur bat mich um Hilfe.

»Herr Kaminer, Sie kennen doch bestimmt einige Deutsche, die Ukrainer bei sich aufgenommen haben. Wir würden gern eine deutsche und eine ukrainische Familie zeigen, wie sie gemeinsam Ostern feiern. Am liebsten mit kleinen Kindern, denn Kinder kommen bei unseren Lesern immer gut an. Wir lassen die Familien von Karfreitag bis Ostermontag von einem Fotografen begleiten, egal ob in der Stadt oder auf dem Land. Wir brauchen einfach schöne Bilder. Auf dem Land könnten die Geflüchteten zum Beispiel durch Brandenburg ostermarschieren oder mit Einheimischen ein Osterfeuer anzünden. In der Stadt würde uns interessieren, wie sie zusammen Osterkränze backen. Backen die Ukrainer eigentlich Osterkränze, wissen Sie das? Oder sie könnten gemeinsam Ostereier bemalen – selbstverständlich in den Farben der ukrainischen Flagge. Ein idyllisches Bild, nicht wahr?«

Das klang typisch für die Zeitung, über die alle schimpften: eine Idylle dort zu suchen, wo keine war. Ich konnte mir nicht vorstellen, dass Menschen, die sich gerade aus dem Feuer des Krieges gerettet hatten, jetzt schon Lust hatten, ohne Not weiterzumarschieren. Obwohl, wer weiß? Ich kannte jede Menge Menschen, die sich engagierten, fast alle in meinem Bekanntenkreis hatten Geflüchtete aufgenommen, bei den meisten hatte ich allerdings große Zweifel, dass sie in ihrer Freizeit Eier bemalen. Auch die Ukrainer, die ich in den Monaten zuvor kennengelernt hatte, hatten ganz andere Probleme, als ein Osterfest mit allem Drum und Dran zu feiern. Die einen waren schwer damit beschäftigt, sich nach den Strapazen des Krieges psychisch wieder zu erholen, andere suchten gerade einen Job, einen Kindergarten- oder Schulplatz für ihre Kinder oder eine eigene Wohnung. Und alle wollten so schnell wie möglich zurück in die Ukraine – ein großer Unterschied zu unserer Flüchtlingswelle in den Neunzigerjahren. Wir hatten damals unser Land für immer verlassen wollen. Nichts wie raus und nie wieder zurück. Wir waren aber auch nicht aus unseren Häusern gebombt worden.

Alle aus der Ukraine Geflüchteten, die ich traf, schienen große Patrioten zu sein und ihr Land zu lieben. Deswegen gefiel ihnen so gut wie nichts in Deutschland. Sie beschwerten sich über die deutsche Bürokratie, deutsches Essen und die deutsche Sprache. Ich wusste nicht, ob sie Eier bemalen wollten. Die Hauptschwierigkeit bestand jedoch darin, dass keiner von meinen Bekannten in das von der Zeitung gewünschte traditionelle Familienbild passte, Gastgeber so wenig wie Geflüchtete. Bei den Gastgebern handelte es sich entweder um Alleinstehende oder Menschen anderer Glaubensrichtungen oder Leute mit einer, wie die Russen es nennen, »nicht traditionellen sexuellen Orientierung« oder solche, die die größte Zeitung Deutschlands aus ganzem Herzen ablehnten. Nicht selten vereinten die Gastgeber sogar all diese Eigenschaften in einer Person. Bei den Geflüchteten war es noch schwieriger, eine traditionelle Familie zu finden. Männern im wehrpflichtigen Alter wurde die Ausreise aus der Ukraine nicht erlaubt. Die meisten potenziellen Eierbemaler waren daher Tanten, Omas und Mütter mit Kindern.

Nach einem Tag anstrengender Suche fand ich folgende Konstellationen: zwei ukrainische Mädchen mit Hund, die bei einer deutschen alleinerziehenden Mutter eingezogen waren, wo sie ihre ganze Freizeit damit verbrachten, die Kuppel-App Tinder auf Deutsch zu erkunden. Sie hatten noch nie im Leben ein Ei bemalt. Ferner eine Oma mit Enkelkind, die bei einem Hotelbesitzer in einem seiner leer stehenden Zimmer untergekommen war. Der Hotelier, ein

Iraner, hatte allerdings mit Ostern nichts am Hut. Dafür hatte ich einen schwulen Kollegen ausfindig gemacht, der gerne bereit war, Ostereier zu bemalen. Er hatte ein lesbisches Pärchen aus der Ukraine bei sich aufgenommen. Die drei waren eine lustige Gesellschaft, aber für die Zeitung leider zu modern. Ansonsten hatte ich noch eine hochschwangere Minderjährige aus dem zerbombtem Mariupol anzubieten, die bei dem Rentnerehepaar in meiner Nachbarschaft wohnte. Und meine Tochter hatte ein altes jüdisches Pärchen aus Odessa kennengelernt, in dessen Haus am Meer eine Rakete geflogen, aber nicht explodiert war. Sie hatten Teile dieser Rakete mit nach Deutschland genommen und waren von einem älteren Ehepaar in Berlin aufgenommen worden, das ebenfalls aus Odessa stammte.

Von allen Kandidaten waren die beiden Odessa-Paare wahrscheinlich am besten für die Reportage geeignet, obwohl sie keine kleinen Kinder zur Hand hatten. Aber niemand wollte mitmachen. Die Geflüchteten teilten den christlichen Glauben nicht und konnten mit Ostern nichts anfangen, und die Gastgeber mochten die Zeitung nicht und wollten auf keinen Fall darin erscheinen. Die von der Redaktion gewünschte Idylle schien im wahren Leben gar nicht zu existieren. Alle, die ich ansprach, ob sie jemanden kannten, der dem traditionellen Familienbild entsprach, schauten mich an, als hätte ich einen psychischen Schaden. Sie lachten mich aus.

Am Ende meiner Recherche fing ich selbst langsam an, das traditionelle Familienleben infrage zu stellen. Mama, Papa, kleines Kind, wo waren sie alle? Ich begann an der Idylle zu zweifeln. Eigentlich kannte ich solche Familien nur aus dem Fernsehen, aus der Werbung für Müsli und neue komfortable Elektro-Autos, die diese traditionellen Familien mit Schwung, geräuschlos, sicher und komfortabel weit weg von jeglicher Zivilisation in die Berge oder in den Wald brachten. Möglicherweise ist ihnen dort dann der Strom ausgegangen, im Wald gab es ja bekanntlich kaum Steckdosen. Und so waren alle Traditionellen mit ihren Kindern und Autos im Wald oder in den Bergen stehen geblieben.

Aber mit wem sollten die Zeitungsredakteure nun ihre Eier bemalen? Die meisten ukrainischen Familien waren durch den Krieg getrennt worden. Die Väter kämpften an der Front, die Kinder spielten in Deutschland Super Mario und andere Nintendo-Spiele, die Jugend ging aus und lernte halb Berlin bei Tinder kennen, und die Erwachsenen suchten einen Job, um nicht völlig durchzudrehen. Sie wollten sich ablenken, kneteten Teigtaschen für russischsprachige Restaurants und schauten ununterbrochen die ukrainischen Nachrichtenportale, die vom Krieg berichteten. Laut ihren Informationen verzeichnete die ukrainische Armee jeden Tag Erfolge. Bislang bestand dieser »Krieg gegen die NATO«, wie ihn der russische Staatsführer nannte, hauptsächlich aus Bombardierungen ukrainischer Städte. Die russische Armee zerstörte die Wohnhäuser, die Kulturhäuser, die Krankenhäuser, und die ukrainische Armee leistete Widerstand. Sie hatte Hunderte feindliche Flugzeuge abgeschossen, Tausende feindliche Panzer und Zehntausende Soldaten vernichtet. Und die NATO? Die NATO war noch gar nicht angerückt.

»Was ist denn nun mit Ostern?«, drängte mich die Zeitung.

In meiner Verzweiflung fragte ich meine Tochter, ob es in ihrem Umfeld noch irgendwelche Kriegsflüchtlinge gäbe, die in das traditionelle Familienbild passten. Am liebsten natürlich Mann und Frau. Meine Tochter engagierte sich permanent in Hilfsprojekten, sie hatte am Bahnhof in Berlin ausgeholfen und an unterschiedlichen Diskussionsforen über den Alltag der Geflüchteten in Deutschland teilgenommen. Sie ist eine Meisterin der sozialen Kommunikation und hat natürlich einen viel größeren Bekanntenkreis als ich.

Ja, sie kenne da jemanden, antwortete die Tochter: Mann und Frau, allerdings in einer Person. Die Tochter hatte bei einem Panel mitgemacht, in dem über die Lage von Transpersonen aus der Ukraine berichtet wurde, und dabei viele interessante Menschen kennengelernt. Von uns allen in der Familie verfügte meine Tochter inzwischen über die wichtigsten Kompetenzen. Manchmal dachte ich, sie sei diejenige von uns, die den Schlüssel zur Tür in die Zukunft besaß. Zumindest wüsste sie, wo dieser Schlüssel lag. Sie würde dann für uns aufschließen, wenn die Zeit dafür reif war.

Die sozialen Kompetenzen anderer Familienmitglieder waren nicht unbedingt zukunftstauglich. Meine Frau konnte die Geschichte der europäischen Monarchien in allen Einzelheiten erzählen, sie kannte alle Prinzen und Prinzessinnen beim Namen, wusste, welche Person aus welchem Land und wohin geheiratet hat, wie viele Kinder diese Person hatte und was aus den Kindern geworden war. Die Monarchen vergangener Jahrhunderte hatten sich auf sehr traditionelle Weise vermehrt. Inzwischen war meine Frau mit den europäischen Monarchien durch und studierte das Osmanische Reich. Mein Sohn wiederum kannte alle Netflix-Serien wie seine Hosentasche, Amazon-Prime hatte er längst hinter sich gelassen, und neuerdings machte er sich auf Disney+ kundig. Und meine Mutter hatte vor 65 Jahren im Moskauer Maschinenbauinstitut Festigkeitslehre studiert. Bei dieser Wissenschaft geht es darum, welche Materialien unter welchen Bedingungen standhalten oder versagen, und warum man Holz und Eisen nicht verschmelzen kann. Mama hätte ihr Wissen auf diesem Gebiet gern geteilt, fand aber in ihrer Umgebung niemanden, der wusste, wovon sie überhaupt sprach.

Meine Tochter dagegen studierte an der Berliner Humboldt-Universität moderne, zukunftsorientierte Wissenschaften wie Europäische Ethnologie, postkoloniale Geschichte und Gender Studies, die sich unter anderem mit Menschen beschäftigten, die im falschen Körper gefangen waren. Seit es diese Wissenschaft gab, stellten immer mehr Menschen fest, dass ihr Körper nicht zu ihrem Charakter und ihren Neigungen passte. Nur wenige waren noch mit ihrem Körper zufrieden. Die meisten fanden sich zu breit, zu dick, mochten ihre Hautfarbe nicht oder wollten sich komplizierte Muster auf den Körper tätowieren, also sich verändern, verbessern, anders sein. Die Jugend erforschte angestrengt ihre Sexualität und wusste nicht so recht, wen sie mochte. Alle fühlten sich andauernd in ihrer Körperlichkeit missverstanden, ständig wurden neue Geschlechtsmuster entdeckt, und keiner blickte mehr durch. Gender Studies erhoben den Anspruch, die Menschen gendertechnisch auf ihrer Suche nach sich selbst, nach dem eigenen Ich zu unterstützen.

Für unsere Tochter würde später bestimmt ein einträglicher Job dabei herausspringen, dachte ich. Schon jetzt profitierte sie von ihren Studiengängen, weil sie interessante Menschen kennenlernte, zum Beispiel bei der Podiumsdiskussion über die Lage der geflüchteten Transpersonen aus der Ukraine. Es waren in der Regel Menschen, die einen Wandel ihrer geschlechtlichen Identität durchgemacht hatten. Die vortragende Transperson kam aus Cherson, einer kleinen Stadt am Schwarzen Meer, die lange Zeit so etwas wie die Hauptstadt der ukrainischen LGBTQ+-Community (lesbisch, schwul, bisexuell, transgender, queer und intergeschlechtlich) war und nun von der russischen Armee eingekesselt worden war. Dort in Cherson wollte die Person vor dem Krieg ihre Identität »Mann« gegen eine Identität »Frau« tauschen, aber wohl zur falschen Zeit.

Eine solche Veränderung ist ein langer Prozess. Zuerst müssen Medikamente eingenommen werden, dann werden chirurgische Eingriffe vorgenommen, das eine abgeschnitten, das andere zugenäht, und ganz am Ende darf die Person ihr Geschlecht im Pass ändern. Unsere Person befand sich noch mitten in der Verwandlung, als der Krieg kam: oben F und unten noch M. Die Person wollte ins Ausland fliehen, weil sie vermutete, die russischen Soldaten würden sie nicht mögen. Doch sie war, wie gesagt, noch nicht ganz im neuen Geschlecht angekommen. Außerdem stand in ihrem Pass, dass sie männlich sei, und Männer durften die Ukraine nicht verlassen. Sie waren Wehrpflichtige in einem kriegführenden Land.

»Na gut, es ist, wie es ist«, dachte die Transperson aus Cherson. »Eigentlich liebe ich ja meine Heimat. Wenn ich schon mit meiner halb fertigen Identität ›Frau‹ das Land nicht verlassen darf, dann gehe ich eben an die Front und kämpfe identitätsmäßig wie ein ›Mann‹.«

Die Transperson begab sich freiwillig zur Mobilisierung, wurde dort jedoch nicht genommen und, schlimmer noch, als »Schwuchtel« beschimpft, mit der Begründung, sie würde mit ihrem Erscheinungsbild den Kampfgeist der ukrainischen Armee schwächen und die Soldaten auf falsche Gedanken bringen beziehungsweise verunsichern. So wurde der Person deutlich gemacht, dass sie in ein tiefes Identitätsloch gefallen war. Sie war gleichzeitig alles und nichts. Von seelischen und physischen Schmerzen, Angst und Selbstmitleid heimgesucht, war die Transperson illegal im Kofferraum eines Volvos nach Deutschland gelangt, um ihren Status hier endgültig zu klären.

Die Geschichten der Tochter hauten uns alle um. Ihre Oma, meine Mutter, meinte, sie habe zu ihrer Zeit wahrscheinlich das Falsche studiert. Damals wusste niemand, dass es so etwas wie Gender und Identität überhaupt gab, so etwas wurde dem Volk von der Regierung verheimlicht. Dabei wusste die Führung des Landes bestimmt Bescheid, dass Geschlechter nur soziale Konstrukte waren, von Generälen erdacht, damit sie ihr Volk leichter in Reih und Glied aufstellen und in den Krieg schicken konnten. Dem gemeinen Volk waren Gender Studies verwehrt. Stattdessen gab es die Festigkeitslehre.

Ich staunte schon lange, welch große Rolle das Thema Sexualität in der russischen Politik spielte. Der russische Kriegspräsident sah sich als Beschützer der traditionellen Familie und verpasste keine Gelegenheit, um die

Verschwulung des Westens zu geißeln. Schon lange vor dem Krieg, im September 2013, war er mit einer Rede vor einem jungen Publikum aufgetreten, in der er eine geschlagene Stunde über die Exzesse der Political Correctness in den europäischen Ländern sprach. Es sei inzwischen so weit gekommen, erzählte der russische Präsident, dass in Europa Parteien registriert wurden, die Pädophilie propagierten. Traditionelle Geschlechterrollen und moralische Werte würden verhöhnt und ins Lächerliche gezogen, eine kinderreiche Familie und eine gleichgeschlechtliche Ehe würden gleichgesetzt, ebenso wie der Glaube an Gott und an den Teufel. Man beeinflusse bereits kleine Kinder durch Transgenderpropaganda, sodass sich alle einen anderen Körper wünschten. In England dürften Kinder ab sechs und in Deutschland ab neun Jahren ohne Erlaubnis der Eltern ihr Geschlecht ändern. Sie müssten ständig Medikamente einnehmen, die ihren Hormonspiegel dem gewählten Geschlecht anpassten. Dadurch gerieten sie in lebenslange Abhängigkeit von den Pharmakonzernen, die, wie wir alle wussten, ein verlängerter Arm der amerikanischen Geheimdienste wären.

Diesen Bullshit erzählte er andauernd, und niemand war da, um dem Präsidenten zu sagen, dass er möglicherweise falsch über den Westen informiert wurde. Die Geschichten von der angeblichen Pädophilen-Partei in den Niederlanden kannte ich bereits von früher. In Wahrheit war diese

2006 gegründete Organisation, die aus einer Handvoll Mitgliedern bestand, nie als Partei zugelassen worden, hatte sich 2010 aufgelöst und war in ganz Europa in Vergessenheit geraten. Doch Putin liebte ihre Geschichte und tischte sie den Russen immer wieder auf. Er wusste natürlich, dass die Homophobie ein verbreitetes Virus in Amerika und Europa war. In bestimmten Milieus fühlten sich die Menschen durch Homo-Bashing sofort angesprochen, also benutzte die russische Führung Homophobie als Waffe. Die Fans des Präsidenten sollten sich wie die armen niederländischen Kinder fühlen, einer harten Erwachsenenrealität ausgesetzt. Man mochte sich gar nicht vorstellen, was mit ihnen passieren würde, wenn Putin sie nicht vor dieser Verführung rettete. Anscheinend konnte nur er allein die traditionelle Familie vor den sich ständig vermehrenden Sodoms und Gomorras in Schutz nehmen. Und er wurde nicht müde, davon zu erzählen, dass sein Angriff auf die Ukraine dazu diene, die traditionelle Familie zu schützen. Durch die Sprache der Homophobie, so hoffte er, würde er Kontakt mit Gleichgesinnten auf der ganzen Welt aufnehmen.

In gewisser Weise tat mir die traditionelle Familie leid. Sie schien von allen Schurken dieser Welt missbraucht zu werden. In Wahrheit brauchte sie all diese selbst ernannten Beschützer nicht. Wir alle zusammen, die gesamte Menschheit, bildete diese traditionelle, wenn auch ziemlich zerstrittene Familie, deren Mitglieder seit Jahrtausenden nicht aufhören konnten, einander zu beschimpfen und zu treten. Und jeder hatte eine eigene Vorstellung davon, was richtig und was falsch war, egal ob im Bett oder in der Küche. Das konnten wir aber wirklich auch ohne Schurken klären, dafür mussten wir nicht mit Putin Eier bemalen.

Ich hätte das alte jüdische Paar aus Odessa beinahe überredet, bei der Ostereier-Aktion mitzumachen, ihnen die Idee dann aber selbst wieder ausgeredet. Sie wollten ständig zurückfahren in die von ihnen so sehr geliebte und von den Russen angegriffene Heimatstadt. Wenn auf Odessa einmal eine Woche lang keine Bomben gefallen waren, fingen sie bereits an, ihre Sachen zu packen, nach dem Motto: »Wir fahren sofort zurück, der Krieg ist bald vorbei.« Dann fiel aber doch wieder eine Bombe auf ein Wohnhaus, oder eine Rakete legte den halben Hafen in Schutt und Asche, und sie packten ihre Koffer wieder aus.

Im Sommer wurde Odessa immer öfter, eine Zeit lang fast täglich, bombardiert. Mir tat das im Herzen weh. Meine Großeltern stammen von dort. Als Kind war ich jeden Sommer nach Odessa zur Oma geschickt worden, sie sollte mit mir im Schwarzen Meer baden. Ich erinnerte mich noch an das große Plakat aus der damaligen Zeit: »Odessa – das sozialistische Badeparadies«. Nun waren die Grenzen zwischen Paradies und Hölle fließend geworden. Im Krieg wurde die Stadt ständig unter Beschuss genommen, und immer wieder wurden herrenlose Minen ans Ufer gespült, aber die Einheimischen gingen trotzdem baden.

Die Videos, wie unerschrocken die Daheimgebliebenen waren, sahen wir uns zusammen an. Frauen im Bikini und Mütter mit kleinen Kindern straften die Warnungen der Soldaten mit Missachtung. Die Patrouillen hatten ein Netz am Strand gespannt, um die Menschen daran zu hindern, ins Wasser zu gehen. Der Hafen war vermint, die Sprengkörper konnten überall sein. Aber kaum waren die Soldaten weg, krochen die Stadtbewohner unter dem Netz durch und sprangen ins Wasser. Die Soldaten diskutierten mit den Mädchen im Bikini. »Geht nicht ins Meer«, sagten sie, »das ist gefährlich.«

»Wir haben 24 Grad«, sagten die Mädchen, »die Sonne scheint, und wir schauen schon links und rechts, wenn wir ins Wasser gehen. Wir würden die Minen ja sehen.«

»Es ist Krieg«, sagten die Soldaten. »Könntet ihr nicht abwarten, bis er vorbei ist?«

»Krieg hin oder her«, sagte eine Mutter. »Mein Mann ist an der Front. Wer soll dem Kind jetzt das Schwimmen beibringen? Sie etwa?«

Die Soldaten rollten mit den Augen.

»Wir sind ganz schnell rein und wieder raus«, versprach die Mutter.

»Sehen Sie die Schwäne? Die Vögel würden doch die Minen von Weitem erkennen. Wenn sie keine Angst haben, dann sind da auch keine Minen«, argumentierte eine alte weise Frau.

Die Soldaten rollten erneut die Augen.

Die Menschen am Strand wollten ins Meer, egal ob Frieden oder Krieg. Sie wollten baden, Spaß haben, sie wollten leben. Dafür starben die Delfine. Manche wurden durch die Minen selbst getötet, andere gerieten durch die Explosionen unter Wasser aufgrund ihres feinen Gehörs so unter Stress, dass sie nicht mehr fraßen, krank wurden und sogar verendeten. Immer mehr tote Delfine wurden an Land gespült, in der Ukraine, in Bulgarien und sogar in der Türkei. Auch dort hatten die Menschen Angst vor Minen, die sich losgerissen hatten und ans Ufer gespült werden konnten.

»Früher«, so berichtete mir ein bulgarischer Freund, »gingen an der türkischen Riviera die traditionellen Familien am Strand in einer klaren Reihenfolge spazieren: vorne der Mann, dahinter die Frau mit den Kindern.« Mit Beginn des Krieges lief der Mann immer hinten, wegen der Minengefahr.

Alle Völker auf dem Balkan machten sich Sorgen um den Krieg, nur die Ukrainer schienen sorglos zu sein. Sie lebten hier und jetzt und machten keine großen Pläne für die Zukunft.

## 95 Sekunden vor dem Weltuntergang
## *Auf dem Weg zu anderen Galaxien*

»Man sollte kurz vor dem Schlafengehen keine Nachrichten anschauen, sonst bekommt man Albträume«, beschwerte sich meine Mutter beim Frühstück.

Am Tag zuvor hatte sie bis spät in der Nacht zusammen mit ihrer Katze vor dem Computer gesessen und versucht, gegen die künstliche Intelligenz in Mah-Jongg zu gewinnen. Nebenher liefen im Fernsehen die neuesten Meldungen aus der Ukraine. Das Atomkraftwerk Saporischschja stand unter Beschuss, und die Ukrainer beschuldigten die Russen, sie hätten ihre Artillerie hinter dem Kraftwerk versteckt und würden von dort aus auf ukrainische Städte schießen. Die Russen behaupteten dagegen, die Ukrainer wollten ihr verlorenes Atomkraftwerk in die Luft sprengen, um den Russen die Schuld daran zu geben. Aus ihrer Perspektive waren die Ukrainer sowieso an allem schuld, sie hatten sich den Russen gegenüber schon immer schlecht benommen: Sie hatten seinerzeit ja auch ihre Krim nicht den Nachbarn abgeben wollen und hatten sich sogar selbst angegriffen und ihr Land zerstört.

Während der Nachrichtensendung hatte Mama nicht wirklich zugehört und die Neuigkeiten nur am Rande wahrgenommen. Im Tiefschlaf wurde ihr jedoch ein unheimlicher Albtraum in bester Horrorfilm-Tradition beschert. In ihrem Traum explodierte das AKW, der Wind wehte nach Westen, und alle Berliner wurden von der Regierung aufgefordert, sofort ihre Wohnungen zu verlassen und Richtung Alex zu laufen. Dort, vor dem Rathaus, hatte man den Fernsehturm in eine riesige Wasserfontäne verwandelt, um den Menschen zu helfen, die Radioaktivität abzuwaschen. Im Traum schaute Mama aus dem Fenster und sah, wie unzählige Leute die Straße entlangliefen. Der Himmel war mit weißen Wolken bedeckt, ein dichter Nebel breitete sich über der Stadt aus. Einige fuhren Fahrrad und klingelten jedes Mal bedrohlich, wenn sie die Fußgänger überholen wollten. Mama hatte überhaupt keine Lust, zum Alex zu gehen.

»Muss ich mir das antun? Ich bin doch bald 91. Und was soll der Abwasch überhaupt bringen? Außerdem«, dachte sie im Traum, »was mache ich mit der Katze? Sie ist bestimmt auch verseucht.«

Auf die einfache Frage, warum sich nicht einfach jeder zu Hause im eigenen Badezimmer duschen konnte, gab es in ihrem Traum keine Antwort.

»Ich habe Angst, schlafen zu gehen«, beschwerte sie sich. »Wenn dieser Krieg so weitergeht, drehen wir alle durch.

Was meinst du, wie lange wird das noch dauern? Wie lange haben wir noch Zeit? Letztes Jahr hat der Tagesspiegel noch optimistisch verkündet: ›Forscher sehen Menschheit Mitte des Jahrhunderts am Ende!‹ Was würden sie heute wohl schreiben?«

»Also ich sehe das nicht so schwarz«, versuchte ich Mama zu beruhigen. »Die Russen haben ihre Munition zum Großteil verschossen, sie kaufen inzwischen auf Vorrat in Nordkorea ein. Das ist ein gutes Zeichen, denn wenn ihnen die Munition ausgeht, werden sie sich zurückziehen müssen. Du schaust dir einfach die falschen Nachrichten an, Mama. Wir finden einen neuen Sender für dich. Zum Beispiel Nachrichten aus dem Weltall.«

Während nämlich die Russen und die Ukrainer das AKW beschossen, begeisterten ZDF und n-tv ihre Zuschauer beinahe täglich mit neuen Bildern aus dem Weltall. James Webb, das berühmte Weltraumteleskop mit seinen achtzehn Spiegeln, präsentierte uns die ganze Pracht des Universums. Es zeigte uns urknallige Gasriesen, den Tarantelnebel und die Polarlichter des Jupiters. Das Infrarot-Teleskop funkte aus den Tiefen des Alls die spektakulärsten und schärfsten Aufnahmen - und das sogar in Farbe.

»Selbst wenn den Russen die Munition ausgeht, haben sie noch immer ihre Atomraketen«, konterte Mama. »Und Putin sagte neulich, ohne Großrussland sei die Welt für ihn nichts wert. Er würde den Planeten einfach in die Luft sprengen.«

»Wir finden für dich einen neuen Planeten«, beruhigte ich sie. »Wir haben James Webb. Der soll sich nach einem neuen, normalen Planeten umschauen ohne Putin und ohne Atomwaffen, auf dem wir ohne die ständige Angst leben können, dass uns von Idioten und Bürokraten regierte Staaten um die Ohren fliegen. Ich setze auf James. So schnell wie der fliegt, wird er bis zum Frühling schon etwas finden. Bis dahin schauen wir uns die Sterne an«, antwortete ich optimistisch. »Lass uns lieber frühstücken, mach doch mal Kaffee. Ein gutes Frühstück lässt alle Albträume vergessen.«

Doch Mama blieb nachdenklich, die Nachrichten wirkten wie Gift auf sie. Tatsächlich war die Stimmung im ganzen Land mau. Tagaus, tagein sorgte sich Deutschland um die Zukunft. Klimakrise, Wirtschaftskrise, Pandemie und Krieg ließen die Regierung zappeln. Vor allem gruselte es Deutschland davor, »Kriegspartei« zu werden. Nach zwei misslungenen Weltkriegen war der Pazifismus zum Selbstverständnis der Nation geworden. Die berühmte »German Angst« machte die Runde. Hierzulande hatte man sich schon immer mehr über das gesorgt, was kommen konnte, als über das, was gerade war. Die außerordentliche Hitze, angeblich die schlimmste seit fünfhundert Jahren, hinderte das Land nicht daran, bei 35 Grad im Schatten zu frieren. »Die Russen drehen uns das Gas ab! Was machen wir dann im Winter! Wir werden erfrieren!«, jammerte die Presse.

Die Regierung war bereit, alles zu tun, notfalls sogar die Sanktionen gegen Russland aufzugeben, um den im folgenden Jahr drohenden Januaraufstand der eingefrorenen Deutschen zu vermeiden. Der Wirtschaftsminister aktivierte Alarmstufe II und duschte jetzt nur noch lauwarm und das auch nur noch drei Minuten statt fünf. Und die Bundestagspräsidentin wollte die Klimaanlage im Bundestag um zwei Grad herunterdrehen. Die Russen rieben sich die Hände.

Die russische Führung ließ nichts unversucht, um die Europäer unter Druck zu setzen. Sollte nämlich die Stimmung in Europa kippen, könnte es dem Kreml zum Sieg verhelfen, und die Sieger haben immer recht, sie werden nicht bestraft. Also sägten die Russen an jedem Stuhl, auf dem die Europäer saßen. Gleichzeitig sah man an ihrem Gaserpressungsversuch, wie die Verzweiflung im Kreml stieg. Alles, was das Regime in der letzten Zeit unternommen hatte, war von einer gewissen Debilität gekennzeichnet. Der Zeitpunkt für die Gaserpressung war denkbar unpassend gewählt, mitten in einem sehr heißen Sommer. Die deutschen Gasreservoirs waren zu über neunzig Prozent gefüllt, besser als vor dem Krieg. Mit diesem vorhandenen Gas könnte Deutschland den Winter locker überstehen. Mehr als die Hälfte des Stroms kam aus erneuerbaren Energien, Tanker mit Flüssiggas waren unterwegs. Und wenn es hart auf hart kommen sollte, hatte der Wirtschaftsminister für alle Fälle drei AKWs in der Hinterhand. Ohne das Geld aus dem Verkauf von Öl und Gas konnte das russische Regime den Krieg keine drei Monate länger weiterführen. Der Staat war auf das europäische Geld genauso angewiesen wie Deutschland auf russisches Öl und Gas. Da trafen zwei Gegner aufeinander, die beide Angst voreinander hatten, es aber nicht zeigen wollten. Der Gashahn wurde langsam zugedreht.

Als formalen Vorwand für Gasengpässe hatte die russische Seite zuerst behauptet, die Rücklieferung einer Gasturbine, die in Kanada gewartet worden war, sei aufgrund der Sanktionen unmöglich. Die Sanktionen wurden dafür extra aufgehoben. Danach wandte das russische Regime ein, die für den Weitertransport nötigen Dokumente würden nicht vorliegen. Die Firma Siemens hatte die Dokumentation jedoch geprüft. Um die Gas-Abnehmerseite noch mehr zu verhöhnen, sagten die Russen, eigentlich sei die Turbine kaputt, sie drehe sich nicht. Daraufhin besichtigte der Bundeskanzler persönlich die Turbine und schaute hinein, ob sie funktionierte, so als hätte er in jungen Jahren Turbinenbauer und nicht Anwalt gelernt.

Der Blick in die Turbine offenbarte die Peinlichkeit und Ohnmacht der deutschen Politik. Es war klar, der Bundeskanzler würde auch in russische Gasleitungen steigen, um festzustellen, dass trotz aller diplomatischen Anstrengungen kein Gas mehr floss. Und wenn er das tat, was würde er wohl am anderen Ende der Leitung sehen? Das fröhliche Lächeln seines Parteigenossen Gerhard Schröder, der seit geraumer Zeit auf der Seite des russischen Regimes für sozialdemokratische Werte kämpfte?

Man darf nicht zu tief in russische Gasleitungen blicken, sonst wird das Risiko zu hoch, hineingezogen und auf der falschen Seite wieder ausgespuckt zu werden, dachte ich, konnte aber die Gründe für diese Panik gut nachvollziehen. Zukunftsangst war eine Volkskrankheit der Deutschen. Laut aktueller Umfrage blickten nur 19 Prozent der Bevölkerung optimistisch in die Zukunft. Die anderen frühstückten jeden Morgen am Rande der Apokalypse. In ihrer Welt war das, was eventuell geschehen konnte, immer wichtiger als die aktuelle Realität. Ich habe diese lustige Marotte gleich nach meiner Ankunft in Deutschland vor über dreißig Jahren kennengelernt. Während der ersten Monate in Berlin hatten wir junge Geflüchtete aus Russland wenig Kontakt zur Außenwelt. Die ersten Einheimischen, die uns im Ausländerwohnheim besuchten, waren die Zeugen Jehovas. Sie erzählten uns vom bereits damals drohenden Ende der Welt und forderten uns auf, umgehend in ihren Wachturm einzuziehen. Nur dort könnten wir die schlimme Zeit sicher überstehen.

Fast zeitgleich mit den Zeugen kamen die Versicherungsvertreter, die uns sehr eindrucksvoll erklärten, dass man in Deutschland ohne Haftpflicht-, Unfall- und Rentenversicherung niemals glücklich werde, weil jederzeit etwas Furchtbares passieren konnte. Man sollte auf alle Eventualitäten des Lebens vorbereitet sein. Wir lachten über die Versicherungsvertreter. Wir hatten keine Arbeit, sprachen kein Deutsch und waren schwer damit beschäftigt, uns eine Gegenwart aufzubauen. Wir hatten keine Zeit, an die Zukunft zu denken. Außerdem sollte man Probleme erst lösen, wenn sie aufgetaucht waren, sonst würde man vor Angst in den Wahnsinn getrieben.

Damals wussten wir noch nicht, dass diese Zukunftsangst hierzulande ein wichtiges Kulturmerkmal ist. Die Vorsorge, das beruhigende Gefühl, dass einem nichts passieren kann, egal, was kommt, soll wie Bachblüten-Tropfen wirken. Selig diejenigen, die daran glauben. Erstaunlicherweise beunruhigt diese Vorsorge die Menschen jedoch mehr, als sie sie beruhigt. Denn es könnte ja noch etwas ganz anderes passieren. Das Schlimme an der Zukunft ist ihre verfluchte Vielfalt. Es kann im Grunde alles und das auch noch zu jeder Zeit passieren, und während man sich vor der Pest absichert, kommt die Cholera ins Spiel. Die Auswahl und das Angebot an Unheil sind schier endlos, und nichts lähmt den Willen des Menschen mehr als diese verfluchte Vielfalt. Er kann sich einfach nicht festlegen, und das gilt in jedem Lebensbereich.

Viele zukunftsorientierte Menschen haben daher im Alltag Schwierigkeiten, Entscheidungen zu treffen. Das beste Beispiel habe ich in der Familie. Mein Junge ist Anfang zwanzig und weiß noch immer nicht, was er werden will. Er kann sich nicht entscheiden. Die Vielfalt lähmt die junge Generation. Weiß jemand, wie viele Studiengänge es in Deutschland gibt? 670! Wie soll man da den richtigen für sein ganzes späteres Leben auswählen? Man kann zwar inzwischen einen Monat lang ein Schnupperstudium auf Probe ausprobieren und muss nicht wie früher ein ganzes Jahr absolvieren. Doch selbst wenn man diese verkürzte Variante in Anspruch nimmt, braucht man 55 Jahre, um alle Studiengänge zu beschnuppern. Irgendwann gibt man frustriert beim 669. Studiengang auf und verpasst möglicherweise seinen Traumberuf.

Dasselbe gilt für zwischenmenschliche Beziehungen. Man lernt die Menschen inzwischen nicht mehr analog in einer Disco oder in einer Bar kennen, sondern digital. Im Internet scheint es aber viel mehr Menschen zu geben als in der Realität. Und täglich kommen neue dazu. Das Angebot bei Tinder und anderen Dating-Apps ist laut meinem Sohn schier endlos. Ich selbst war nie dort. Wie soll man sich jetzt für eine konkrete Person, für einen Peter oder eine Marie entscheiden, wenn schon morgen ein neuer Peter oder eine neue Marie auf dem Bildschirm erscheinen? Wie findet man heraus, ob der neue Peter nicht der bessere wäre? Soll man die ganze Sucherei beim erstbesten Peter einstellen, um sich dann womöglich ein Leben lang mit der

Frage zu quälen, ob man sich auf den falschen eingelassen hat? Natürlich gibt es auch bei Dating-Plattformen so etwas wie Schnupperkurse, doch sie dauern extrem lange und führen in der Regel zu keiner Beziehung, sondern zur Steigerung der Misanthropie.

Die Menschen erstarren angesichts zu großer Vielfalt. Immer wieder stolpere ich im Supermarkt über Kunden, die vor einem zwanzig Meter langen Regal mit Nudeln ins Koma gefallen sind. Sie wollten keine Reise ins Reich der Teigwaren kaufen, sie wollten bloß eine Packung Nudeln. Dabei gehört Vielfalt zum Fundament des freien Marktes, sie ist gelebte Konkurrenz, sie soll uns reich und glücklich machen. Wenn jemand der Meinung ist, er könne bessere Nudeln produzieren als die bereits vorhandenen, muss er sein Können beweisen dürfen und darf nicht meckern, dass es schon so viele Nudelsorten gibt. In meiner Heimat, der Sowjetunion, gab es nur eine Sorte Nudeln, Kaliber 7.62. Sie wurden angeblich mit denselben Maschinen produziert, die im Falle eines Krieges Munition für das Maschinengewehr AK-47 herstellen sollen.

Das Grundkonzept der Planwirtschaft, wonach man nur so viele Waren produzierte, wie man wirklich brauchte, strotzte vor Vernunft und Gerechtigkeit, hatte aber den Nachteil, dass alle Menschen gleich unglücklich waren. Keiner wollte die tatsächlich produzierten Waren, stattdessen träumten alle von irgendwelchen anderen, die es nicht gab. Sozialismus als Schutz vor lähmender Vielfalt war also auch keine Lösung. Wir Menschen sind launische Wesen, wir lassen uns von Idioten und Bürokraten regieren, und egal, wie man es macht, man macht es falsch.

Es wird auch auf einem anderen Planeten nicht anders sein, sollten wir eines Tages tatsächlich von der Erde wegziehen. Inzwischen lieferte unsere Weltraumhoffnung James Webb auch regelmäßig ein großes Sortiment an Planeten. Rote und blaue, große und kleine Planeten. Sicher werden bald auch dreieckige und quadratische dazukommen. Bisher gab es aber auf keinem einzigen irgendwelche Menschen, Idioten oder Bürokraten. Langweilig.

# 94 Sekunden vor dem Weltuntergang

## ***In der Kalahari***

Den ganzen Sommer diskutierten wir beim Aperol Spritz mit kompostierbaren nachhaltigen Biostrohhalmen, die sich im Glas nach drei Minuten auflösten, woran wir letzten Endes zugrunde gehen würden: am ökologischen Kollaps, an falscher Ernährung, an der schlechten Regierung, am Personalmangel, an den Coronafolgen oder an dem Krieg, der sich in den Köpfen und auf dem Planeten ausbreitete.

Mama schaltete zum ersten Mal seit langer Zeit den Fernseher aus. Sie wollte sich von all den schlechten Nachrichten nicht die Laune verderben lassen und konzentrierte sich lieber auf ihre Kreuzworträtsel. Doch auch die Rätsel hatten sich verändert. Früher hatten die Kreuzworträtselmacher drei rettende Möglichkeiten, wenn ihnen sonst nichts mehr einfiel: den Hasen Aguti (Nagetier aus dem mittel- und südamerikanischen Raum, berühmte Delikatesse in der Karibik), Luciano Pavarotti (Tenor mit den meisten verkauften Tonträgern) und Ouagadougou (Hauptstadt von Burkina Faso). Sie waren seit Jahrzehnten in jedem Rätsel dabei und wurden von Mama mittlerweile wie alte Freunde, fast Familienangehörige, begrüßt. Und auch wenn mit dem Alter die Vergesslichkeit zunahm und Mama manchmal nicht daran dachte, den Herd auszuschalten oder die Waschmaschine zu leeren, wenn sie auf einmal nicht mehr wusste, wo sie das Ladekabel fürs Handy hingelegt hatte und an welchem Wochentag sie mit ihrer Freundin zum Kaffeetrinken verabredet war – die Hauptstadt von Burkina Faso würde sie niemals vergessen. Man könnte Mama um 3.00 Uhr morgens aus dem Schlaf reißen und mit der Frage überfallen, wie die Hauptstadt dieses westafrikanischen Staats hieß – man bekäme immer die richtige Antwort.

Aber noch während der Corona-Pandemie war mit den Kreuzworträtselmachern etwas passiert. Sie verhielten sich, als würden sie den Hasen Aguti nicht mehr kennen. Sie hatten ihre Arbeitsweise vollkommen verändert. Plötzlich ging es nicht mehr darum, die Menschen mit unsinnigen Fragen von den Hürden des Alltags, von Krieg und anderen Katastrophen abzulenken. Stattdessen ging es um Nachhaltigkeit und Treibgasemissionen, um Umweltsiegel und vom Aussterben bedrohte Tierarten. Monarchfalter und Löffelstöre, die meiner Mutter noch in keinem Kreuzworträtsel über den Weg geflattert oder geschwommen waren, eroberten auf einmal die Rätselseiten wie aggressive Invasoren. Die Welt, wie wir sie kannten, neigte sich ihrem Ende zu.

Die neuerdings aus den Kreuzworträtseln Ausgeschlossenen wie Pavarotti besuchten Mama nun im Traum. Auf der Schulter des Tenors saß ein mittelgroßer Hase und sang mit schmelzendem Tenor: »O sole mio.«

»Aguti«, dachte Mama im Traum. Sie wunderte sich kein bisschen, obwohl sie auch im Traum genau wusste, dass Hasen nicht singen konnten.

»Wir sind schon immer gemeinsam aufgetreten«, sagte Pavarotti zu Mama. »Ohne mich hätte man ihn niemals auf die Bühne gelassen. Er sieht nun einmal nicht wie ein Opernsänger aus, sondern wie ein Nagetier.«

»Aus dem mittel- und südamerikanischen Raum«, ergänzte Mama im Schlaf.

»Genau«, nickte der Hase. »Luciano hat es mir ermöglicht, vor großem Publikum aufzutreten. Ihm standen alle Türen offen, schließlich sieht er schon von Weitem aus wie ein berühmter Tenor.«

»Der die meisten Tonträger weltweit verkauft hat«, nickte Mama. »Ich hatte zwischen euch beiden schon immer eine Verbindung vermutet.«

»Aber die Zeiten haben sich geändert«, sagte der Hase. »Wir werden nicht mehr oft gebucht. Deshalb sind wir gekommen, um uns zu verabschieden. Wir ziehen um, nach Burkina Faso.«

»Ouagadougou?«, hakte Mama nach.

»Ja«, nickte der Hase. »Dort spielt jetzt die Musik.« Er sah traurig aus.

Natürlich wusste Mama, dass es nur ein Traum war. Sie wusste, es gab keine singenden Hasen, und Pavarotti war schon vor Jahren gestorben. Doch so real, wie der Traum sich anfühlte, konnte man ihn leicht mit der Wirklichkeit verwechseln. »Was wollte mir der Hase damit sagen?«, rätselte Mama. Wir Menschen neigen dazu, die eigenen Illusionen, Träume und Fantasien für die Realität zu halten und umgekehrt. Diese sogenannte Realität entsteht letzten Endes durch die höchst individuelle Wahrnehmung unserer Sinnesorgane, die Illusionen auch. Was ist also Täuschung und was echt?

Ich weiß, dass nicht nur meine Mutter, sondern auch viele Wissenschaftler Realität und Illusion verwechseln. Wenn sich etwas im realen Leben nicht begreifen lässt oder nicht passt, wird es kurzerhand zur Illusion erklärt. Zeit ist eine Illusion, soll Albert Einstein behauptet haben. Er hielt auch die Wirklichkeit für eine Illusion, allerdings für eine hartnäckige. Andere Wissenschaftler unterstützten seine Idee. Ein Mathematikprofessor, der zur selben Zeit wie Einstein in Amerika unterwegs war, führte lebensgefährliche Experimente durch, um diese These zu beweisen. Er fuhr mit verbundenen Augen auf einem Fahrrad durch New York. Wäre die Realität wirklich nur eine Illusion, könne ihm nichts passieren, dachte der Professor. Er trat mitten in der Rushhour auf dem Broadway fleißig in die Pedale, aber außer, dass die Autos hupten, ist ihm tatsächlich nichts passiert. Später zog der Professor nach London, wo er zu Fuß und mit unverbundenen Augen die Straßenseite wechseln wollte und dabei von einem Auto überfahren wurde. In England kommen die Autos bekannterweise alle von der falschen Seite. Der Professor hatte nach links statt nach rechts geguckt, und schon war es um ihn geschehen. Sein unvorhergesehener Tod beweist auf keinen Fall, dass die Realität keine Illusion ist. Er beweist höchstens, dass Gott, sollte es ihn geben, einen ziemlich schrägen Sinn für Humor hat.

Oft werden wir in den eigenen Illusionen gefangen, wir versuchen, die Welt unseren Vorstellungen entsprechend zu biegen und glauben nicht, dass es jenseits unserer Vorstellungen noch eine objektive Realität gibt. Besonders bei älteren Menschen ist dies oft der Fall. Sie wollen einfach nicht glauben, dass die Welt eine andere ist als die, die sie sich zurechtgebastelt haben. Die Realität verzeiht aber nicht, wenn man sie leugnet. Sie stattet früher oder später jedem von uns einen Besuch ab, der unvergesslich bleibt.

Mama hatte die Realität nie abgestritten. »Ich würde den Hasen Aguti gern einmal besuchen«, sagte sie. »Wenn möglich nicht im Traum.«

»Wo denn dann?«, fragte ich nach. »In Ouagadougou?«

»Nein«, lachte Mama, »ich bin doch nicht verrückt, ich weiß, dass es Ouagadougou nicht gibt. Aber in den Zoo könnten wir gehen, oder?«

Wir gingen in den Zoo. Die Sonne knallte gnadenlos vom Himmel, und außer einigen wenigen Besucherinnen und Besuchern waren kaum Säugetiere zu sehen. Wegen der Hitzewelle hatten sich die meisten Tiere, Tierpfleger und der Rest der Bevölkerung im Homeoffice versteckt. Die Tiger und die Giraffen suchten den Schatten, und auch die kleinen Nagetiere in ihren dunklen Käfigen waren nicht aufzufinden. Vom Hasen Aguti keine Spur. Nur einige Schimpansen hingen an einer Liane und wurden von einer Kindergruppe hypnotisiert. Affen und Menschen spielten ein komisches Spiel, bei dem man einander direkt in die Augen sehen musste, ohne zu blinzeln. Es sah aus, als würden beide Seiten darauf warten, dass auf der jeweils anderen etwas geschah. Vielleicht hofften die Kinder, den Lauf der Evolution live zu erleben und zu sehen, wie sich die Schimpansen vor ihren Augen in Menschen verwandelten. Doch die Schimpansen hatten überhaupt keine Lust dazu.

Ich konnte sie verstehen. Gerade hier, wo sie jeden Tag auf Menschen in ihrer Freizeit trafen, war der Wunsch der Schimpansen, lieber nicht so zu werden wie die Zoobesucher, absolut nachvollziehbar. Vielleicht wussten sie ohnehin besser über unsere Welt Bescheid. Blöd waren sie nicht. Wir als ehemalige Schimpansen waren schließlich gerade dabei, uns zurückzuentwickeln. Wenn man Nachrichten schaute, war es offensichtlich, dass die Menschheit auf der Evolutionstreppe außer Atem geraten war. Sie war über ihren eigenen Schatten gestolpert und hatte sich auf die Stufen gesetzt, um erst einmal eine zu rauchen. Manche waren sogar ein paar Stufen zurückgelaufen, als hätten sie ein paar Treppen tiefer etwas Wichtiges vergessen. Die Menschheit war dabei, die Zivilisation abzustreifen und wieder auf die Bäume zu klettern. In puncto Aggressivität konnten wir sowieso jedem Tier Paroli bieten. Wir waren unvorhersehbarer als Eisbären und gefährlicher als Krokodile. Wenn es so weiterging, würden die Affen uns irgendwann einsperren müssen.

Wir liefen mit Mama an den leeren Käfigen und geschlossenen Tierhäusern vorbei, bis wir, von Vogelgeschrei angezogen, Zeugen einer seltsamen Szene wurden. Zwei exotische Vögel aus der Kalahari führten ihren rituellen Paarungstanz auf. Das Männchen kreiste um das Weibchen und stolperte dabei über seine eigenen Beine, während das Weibchen die Augen rollte und mit den Flügeln wedelte. Es versuchte, sich vor ihrem Partner ins Homeoffice zu retten, aber der zog es immer wieder heraus. Überall auf der Wiese lagen herausgerissene Federn, die Vögel schienen in einer Ehekrise zu stecken.

Ein Tierpfleger, der vorbeikam, klärte uns über das seltsame Verhalten der Vögel auf. In ihrer Heimat, der Kalahari, kamen sie nur bei Regen in Paarungslaune. Und in der Kalahari regnete es höchstens einmal im Jahr. Im Zoo regnete es jeden Tag, nämlich immer, wenn der Gärtner die Rasensprenger anstellte. Die Wassertropfen brachten das Männchen sofort in Paarungsstimmung, und obwohl ihn das Weibchen daran zu erinnern versuchte, dass sie es schon gestern und vorgestern getan hatten, war er einfach nicht zu bremsen. Beide Vögel waren verzweifelt, und der Gärtner konnte die Sprenganlage nicht einfach woanders aufstellen. Personalmangel. Irgendwann würde dieser Vogel zu anderen Vogelarten laufen und dort nach neuen Freunden suchen, dachte ich.

Auch im Zoo war ich mit Weltpolitik beschäftigt. Sobald ich vor einem Käfig stand, schaute ich als Erstes auf die Nachrichtenseite meines Smartphones, eine Krankheit, die sich seit Beginn des Krieges verschärft hatte. Die Giraffen kauten sich ihren Schatten weg, die Vögel paarten sich dank der Sprinkleranlage in der Sonne, und was machte eigentlich Putin? Auch bei ihm regnete es augenscheinlich im Kopf, und er suchte verzweifelt neue Freunde. Zum ersten Mal seit dem Angriff auf die Ukraine hatte er das Land verlassen und war nach Turkmenistan gereist, um eine neue Achse der Bösen zu schmieden. Er wurde vom dortigen Diktator fürstlich willkommen geheißen. Sein Gastgeber, laut offiziellem Status der »Erste Vorsitzende des turkmenischen Volksrates« mit dem für Putin unaussprechlichen Namen Gurbanguly Berdimuhamedow, empfing ihn mit besonderen Ehren. Der Gastfreundschaft von Tyrannen gegenüber anderen Tyrannen waren keine Grenzen gesetzt.

Putin durfte sogar mit einem schwarzen Auto zum Treffpunkt der »Kaspischen Fünf« vorfahren, zu denen neben dem Gastgeber und Russland noch Kasachstan, Aserbaidschan und Iran gehörten. Eigentlich waren schwarze Autos in Turkmenistan noch vom vorigen Vorsitzenden des Volksrates streng verboten worden. Alle Autos im Land hatten weiß zu sein. Nur ein einziger Mann durfte ein schwarzes besitzen, der Vorsitzende selbst. Nun waren es auf einmal zwei geworden. Die anderen kaspischen Herrscher kamen mit weißen Autos und saßen in hundert Meter Entfernung voneinander an einem Tisch, dessen Größe fast dem Kaspischen Meer entsprach.

Das Treffen der Kaspischen Fünf, das zeitgleich mit dem G7-Gipfel stattfand, wurde von der Presse der westlichen Welt kaum beachtet. Nur der große Tisch, an dem die fünf kleinen Menschen saßen, wurde verspottet. Der Farmer aus Iowa und der Rentner aus Brandenburg konnten Turkmenistan nicht wirklich von Tadschikistan unterscheiden. Sogar in den Kreuzworträtseln meiner Mutter kamen diese Länder äußerst selten vor, obwohl der turkmenische Führer mit seinem Namen jedes Kreuzworträtsel unheimlich bereichern könnte. Die vierzehn Buchstaben seines Nachnamens sind zum Einprägen allerdings höchst ungeeignet. Die Namen deutscher Politiker und Kanzler haben in der Regel zwischen vier und sechs Buchstaben, ein Berdimuhamedow wäre hierzulande eine Zumutung und nie gewählt worden.

Die Kaspischen Fünf wurden im Westen kurzerhand für bedeutungslos erklärt und vergessen. Dabei setzte dieses Treffen für Russland ein wichtiges Zeichen. Das Land driftete immer weiter in Richtung harte Diktatur. Je länger der Krieg dauerte, umso lauter schimpften die Propagandisten, weil die Armee an der Front keine Erfolge zu vermelden hatte, und umso heftiger wurde im Land nach inneren Feinden und Verrätern gesucht. Dutzende Theaterhäuser hatten bereits ihre künstlerische Leitung verloren, in den Hochschulen fanden ideologisch motivierte Säuberungen statt, selbst loyale Beamte, Banker, Professoren, namhafte Wissenschaftler und Regierungsberater wurden angeklagt, isoliert und landeten im Gefängnis. Der gesellschaftliche Umbau von der Autokratie zur Diktatur wurde beschleunigt.

Putin allein konnte diesen Repressalien-Teppich gar nicht so schwungvoll ausrollen, die Kräfte, die er gerufen hatte, brauchten inzwischen keinen Anführer mehr. In einem harten Konkurrenzkampf ging es nur darum, noch rücksichtsloser als der Chef zu sein, den neuen Eisernen Vorhang noch schneller und tiefer herunterzulassen. Die Stimmen, die den russischen Präsidenten von rechts attackierten, er sei zu liberal und zu zögerlich, wurden immer lauter. Sollte er demnächst die Zügel der Macht verlieren, wäre sein Nachfolger ein noch schlimmerer Schurke und nicht einfach noch einmal exakt der gleiche wie in Turkmenistan. In dieser kaspischen Republik waren die Menschen sich noch immer uneinig, ob es überhaupt einen Machtwechsel gegeben hatte. Der neue Vorsitzende des Volksrates mit dem unaussprechlichen Namen sah seinem Vorgänger nämlich verblüffend ähnlich. Man musste nicht einmal die Denkmäler umfummeln, die Statuen waren ihm wie aus dem Gesicht geschnitten. Als der alte Diktator für tot erklärt und sein Nachfolger vom Ältestenrat bestimmt worden war, hatten die meisten Zeitungen in Deutschland ein falsches Foto abgedruckt, nämlich eines des verstorbenen Diktators mit dem Bildhinweis, das sei der neue.

Für die Turkmenen brachte der neue allerdings tatsächlich eine gewisse Erleichterung, der alte war nämlich viel zu streng gewesen. Er hatte jede Menge unsinnige und diskriminierende Gesetze verabschiedet und zum Beispiel alle Ballettvorstellungen verboten mit der Begründung, das Ballett liege den Turkmenen nicht im Blut. Er hatte Grundschullehrern das Tragen goldener Zahnkronen verboten, Fernsehmoderatoren die Benutzung von Kosmetik, und Karaoke in der Öffentlichkeit war ebenfalls nicht erlaubt. Er hatte sich Hunderte von Denkmälern setzen lassen und willkürlich alle Wochentage sowie etliche Monate nach seiner Mutter, seiner Frau oder seinen Lieblingsdichtern benannt. Die Turkmenen sind ein sehr geduldiges und lässiges Volk. Es war ihnen vollkommen wurscht, wie der Mittwoch mit Nachnamen hieß, aber sie freuten sich trotzdem, als ihn der neue Vorsitzende zurück in Mittwoch umbenannt hatte.

Wie tolerant manche Völker ihren Diktatoren gegenüber sind, ist nicht zu fassen. Ich mag mir gar nicht vorstellen, was in Deutschland die Umbenennung des Mittwochs in Christelscholztag zu Ehren der Mutter des amtierenden Bundeskanzlers auslösen würde. Eine Revolution! Gleich am ersten Christelscholztag würden sich die Barrikaden von Kreuzberg bis Aachen türmen. Anderswo lassen die Völker ihren Herrschern gegenüber mehr Nachsicht walten. Die unkritischen Turkmenen haben ihrem Diktator lange Zeit alles verziehen. Sie beugten sich seinen Anweisungen, obwohl sie schon gerne Karaoke in der Öffentlichkeit gesungen und goldene Zahnkronen getragen hätten. Nur eines haben sie ihm übelgenommen, nämlich dass er sich die Haare färbte, es allen anderen aber verbat. Daraufhin haben sie ihm wohl irgendetwas in sein Haarfärbemittel gemischt, denn auf einmal war er tot. Sein Nachfolger sah ihm aber, wie gesagt, verblüffend ähnlich.

Die Kaspischen Fünf wurden vom russischen Präsidenten zur wirtschaftlichen Blockade der westlichen Welt aufgerufen. Würden die Menschen in Deutschland also bald vor leeren Regalen stehen? In der globalen Welt weiß niemand, wo die ganzen Konsumgüter eigentlich herkommen. Die meisten Waren sind mehr gereist als die Menschen, die sie konsumieren. Mich würde es also nicht wundern, wenn sich herausstellte, dass unser Knäckebrot und Mineralwasser von Turkmenistan geliefert wurden.

Dieser Krieg hat uns einiges gelehrt: Wie anfällig die Demokratie, wie zerbrechlich der Frieden und wie abhängig voneinander unsere Wirtschaftssysteme sind. Die Abhängigkeit von Russland, was Öl- und Gaslieferungen betrifft, war längst bekannt, aber niemand wollte hinschauen. Nun stellten die erstaunten Bürger fest, dass wir nicht nur von Russland, sondern auch von der Ukraine abhängig waren. Kabelbäume für Autos, Sonnenblumenöl, Weizen und Mais, Tinte und Papier – alles kam anscheinend aus der Ukraine. In Berlin erklärte mir ein Späti-Verkäufer, er habe Lieferschwierigkeiten bei kleinen Cola-Dosen, die wurden nämlich in der Ukraine produziert. Die Bestattungsindustrie war ins Stocken geraten, da die Stoffe für die Innenauskleidung von Särgen ebenfalls aus der Ukraine stammten. Wer hätte das gedacht? Bautzener Senf, Tabak, Fischstäbchen, Lkw-Fahrer und Leihmütter, buchstäblich alles kam aus der Ukraine, sogar Babys.

Von diesen Erkenntnissen aufgeschäumt, schrieben die deutschen Intellektuellen gleich einen zweiten Brief an den Bundeskanzler, demzufolge wir uns sofort ergeben und nicht warten sollten, bis uns jemand angriff. Dann könnten sich die Ukrainer nicht mehr verteidigen, und wir hätten Öl, Gas und Bautzener Senf wieder aus einer Hand. Angenehm. Wir dürften die Russen nicht verärgern, dann werde alles gut, schrieben sie. Die Sanktionen des Westens fingen nämlich in Russland langsam an zu wirken. Nicht dass die Russen deswegen noch sauer wurden. Ausländische Elektrogeräte waren in den Geschäften des Kaukasus bereits ausverkauft. Die Schwiegermutter erzählte am Telefon, im russischen Radio hätten sie aus diesem Anlass eine Warnung gebracht: Man solle ohnehin lieber keine im Ausland produzierten Haushaltsgeräte kaufen, viele von ihnen hätten nämlich eine Abhörfunktion und würden Informationen sammeln, die sie direkt an die westlichen Geheimdienste sendeten, um russische Bürger zu diskreditieren. Besonders gefährlich seien Waschmaschinen, Computer und Fernseher. Man müsse sich also vor der eigenen Waschmaschine in Acht nehmen.

Diese neue Erkenntnis kam zur rechten Zeit. Ausländische Haushaltsgeräte wurden nicht mehr importiert, und die Bestände in den Lagerhallen waren aufgebraucht. Die Schwiegermutter hatte gesehen, wie Nachbarn ihre in Deutschland produzierte Waschmaschine mit einer Decke verhängten, damit sie nicht mehr spionieren konnte. Gleichzeitig erzählte man sich jedoch, dass die in der Heimat gebauten Fernsehgeräte ebenfalls nicht ohne wären: Sie seien das Auge des russischen Geheimdienstes und neuerdings mit einem chinesischen Gesichtserkennungsprogramm ausgestattet, das genau feststellen konnte, wer sich beim Nachrichtenschauen wie verhielt, wer Grimassen schnitt, wegsah oder gar »Es lebe die Ukraine!« rief. Deswegen, sagten die

Nachbarn, solle man beim Verfolgen der Propagandasendungen gerade sitzen, nicht lächeln, dafür ab und zu nicken, um seine Loyalität maximal deutlich zum Ausdruck zu bringen.

Die aktuellen Umfragen zum Krieg aus Russland verwirrten. Angeblich waren 75 Prozent der Bevölkerung dafür, die Kriegshandlungen zu intensivieren und Kiew auf Teufel komm raus zu bombardieren. Für ein sofortiges Aufnehmen von Friedensverhandlungen waren ebenfalls über 70 Prozent. Beobachter sprachen von der geheimnisvollen russischen Seele, die selbst nicht genau wusste, was sie eigentlich wollte. In Wahrheit waren die Menschen in Russland einfach müde vom Krieg, vor allem aber von der andauernden Hysterie in der Berichterstattung. Die Menschen wollten ein schnelles Ende. Egal wie, egal was, Hauptsache, es hörte auf.

Die Führung hörte die Signale und reagierte entsprechend. Zum ersten Mal seit sechs Monaten waren im Ersten Programm wieder Unterhaltungssendungen erlaubt. Fast ein halbes Jahr war dort nicht mehr gesungen und getanzt worden, stattdessen waren ganztägig Nachrichten, entlarvende Dokus über den hinterhältigen Westen und alte Kriegsfilme in Schwarz-Weiß gelaufen. Die nun wieder zugelassenen Unterhaltungsprogramme waren allerdings nicht wirklich unterhaltsam, denn viele Sänger, Stand-up-Comedians, namhafte Witzbolde und Komiker, die früher Late Night Shows moderiert hatten, hatten Russland verlassen. Sogar Alla Pugatschowa, die berühmteste Sängerin des Landes, die Säulenheilige der russischen Identität, hatte sich gegen den Krieg und gegen den Präsidenten gestellt und war nach Israel abgereist.

Der Staat suchte also nach neuen loyalen Künstlern und fand auch welche. Sie waren jedoch bei Weitem nicht so lustig und begabt wie die alten. Hinzu kam: Es gab keine Klarheit, worüber man in dieser Situation überhaupt Witze machen durfte, ohne sofort im Knast zu landen. In den zurückliegenden dreißig Jahren relativer Freiheit hatten die russischen Unterhaltungskünstler die Selbstzensur ein wenig verlernt. Selbst im endlosen *Haus II* der russischen Realityshow knutschten die Kandidaten nur noch und sprachen vorsichtshalber nicht mehr miteinander. In den Schulen wurde mit Beginn des Schuljahres am 1. September die »Stunde des Patrioten« eingeführt, sie musste ab sofort jeden Montag vor Beginn des Unterrichts stattfinden. Der Präsident hielt an einer ausgewählten Schule die patriotische Stunde sogar persönlich ab. Er erzählte den Kindern von seiner Zeit in Dresden, wo er damals als junger Kundschafter für seine Heimat spioniert hatte. Es sei ihm nie darum gegangen, etwas Besonderes zu werden, Karriere zu machen oder Geld zu verdienen. Er war einfach glücklich, seinem Land nützlich sein zu dürfen. Das war die größte Auszeichnung, die er sich erhoffen konnte. Sein Leben lang war er immer bereit, dorthin zu gehen, wo sein Land ihn brauchte.

Diese Bereitschaft hatte ihn in den Kreml geführt, wo er nun schon seit über 22 Jahren saß. Kein Präsident vor ihm hatte dem Land dermaßen zugesetzt und alle Verbindungen nach draußen gekappt, die mühsam von Hunderttausenden Wissenschaftlern, Geschäftsleuten, Diplomaten und Künstlern über Jahrzehnte aufgebaut worden waren. Er hat die russische Kultur k.o. geschlagen, Tausende umgebracht und Millionen in die Armut gestürzt. Jetzt saß er im Klassenzimmer und gab vor den Kindern an, er wäre der größte Patriot.

Auf den Bildern sahen die Kinder etwas verwundert aus. Verständlich. Sie erlebten die Stunde des Patrioten gerade zum ersten Mal. Ich hatte sie acht Jahre lang im sowjetischen Schulsystem über mich ergehen lassen müssen. Acht lange Jahre waren wir Statisten in diesem Theater ohne Dach. Wir wurden in einer Grabstätte – dem Lenin-Mausoleum – bei den Pionieren aufgenommen und standen neben einer hundert Jahre alten Leiche, die aus einem Kristallsarg zusah, wie Frauen mit Dauerwelle und alte Männer in kurzen Hosen jedem Kind ein rotes Tuch um den Hals knoteten. Wir mussten die Lebensläufe von Pionierhelden auswendig lernen, die ihr junges Leben für ihre blutrünstige Heimat geopfert hatten. Wir sind alle von dieser patriotischen Erziehung nachhaltig beschädigt, schon bei dem Wort Heimat muss ich kotzen. Die Kinder von heute sollten doch klüger sein als wir, dachte ich. Die Stunde des Patrioten wird das Regime nicht retten.

## 93 Sekunden vor dem Weltuntergang

### *Gott sei Dank, Kasachstan*

Aufgrund von EU-Sanktionen durften die russischen Propagandakanäle in Europa nicht mehr senden und wurden abgeschaltet. Allerdings nicht ganz. Meine Mutter, die fast nur russisches Fernsehen konsumiert, hatte von ihrem Anbieter eine diskrete Nachricht bekommen: »Aufgrund von EU-Sanktionen dürfen wir Sie leider nicht länger in gewohnter Form mit den Lieblingsfilmen Ihrer Jugend und den großartigen modernen Serien versorgen, damit Sie nicht auf Falschmeldungen des Kreml zum Verlauf des Krieges hereinfallen«, schrieb der Anbieter. »Aber wenn Sie diese Filme, Serien und Falschmeldungen unbedingt weiter empfangen möchten, drücken Sie bitte auf das Z-Symbol rechts unten auf dem Bildschirm. Dann haben Sie Ihre Lieblingssender sofort wieder.«

Die schlauen Russen wussten, wie sie die Sanktionen des Westens umgehen konnten. Entweder benannten sie die Sender um, oder sie wechselten den Satelliten. Auf jeden Fall hatte Mama ihre Lieblingssender alle schnell gefunden, sie musste ja nur auf das Z drücken. Zwischen den

Filmen und Serien diskutierten die russischen Experten jeden Abend über den Krieg und kamen am Ende einstimmig zu dem Schluss, dass der Einsatz von Atomraketen unabdingbar wäre. Nur was die möglichen Angriffsziele und die ideale Zerstörungskraft der Bombe betraf, gingen die Meinungen auseinander. Die Militärexperten meinten, es habe wenig Sinn, auf die Ukraine zu schießen, denn letzten Endes sei sie ein Teil Russlands, und es wäre unangebracht, das eigene Territorium zu verseuchen. Amerika anzugreifen, wäre allerdings auch nicht angebracht, denn die Amerikaner könnten jederzeit zurückschlagen. Eine kleine Bombe auf eine europäische Hauptstadt war jedoch eine Variante, die alle Seiten in dieser Gesprächsrunde befriedigte. Ja, eine klitzekleine Bombe auf London oder Paris würde den Krieg in der Ukraine deutlich entspannen, ulkten sie. Auch Berlin wurde in diesen Sendungen oft als mögliches Ziel genannt. Meiner Mutter machten diese Gespräche längst keine Angst mehr. Sie wusste, die Russen spinnen.

An der Front lief es nicht rund, und je mehr Menschenleben dieser Krieg forderte, umso verzweifelter schauten die Bürger Propagandasendungen an. Sie hofften, dort eine Antwort auf die Fragen zu finden, was das Ganze sollte und wie es ausgehen würde. Meinen deutschen Freunden und Bekannten habe ich von diesen täglichen russischen Fernsehsendungen nichts erzählt. Sie waren für das

Thema sowieso sensibilisiert und waren in ständiger Sorge. Ich wollte sie nicht noch mehr verunsichern. Besonders sensibel reagierten meine deutschen Freunde auf den Beschuss des ukrainischen Atomkraftwerkes. Einige bestellten sofort Jodtabletten online und nahmen sie prophylaktisch zum Bier, obwohl ich sie darauf hinwies, dass Jodtabletten ihre Wirkung in Kombination mit Portwein viel besser entfalteten. Ich erinnerte mich dunkel an Untersuchungen aus meiner Kindheit, als die Welt ständig am Rande eines Atomkrieges balancierte. Damals hatten Studien gezeigt, dass Portwein auch pur eine schützende Wirkung entfalten konnte, allerdings erst ab einer Menge von 700 Millilitern.

Zwei Wochen später war das Thema AKW-Beschuss jedoch auf einmal vergessen. Danach wollten meine Freunde Putin auf Schadensersatz verklagen, weil er sie durch seine aggressiven Äußerungen zum unnötigen Kauf und Einnehmen von Medikamenten gezwungen und ihnen seelische Schmerzen, Depressionen und Angstzustände zugefügt habe. Ich hatte, wie gesagt, eine solche Jod-Prophylaxe von Anfang an für überflüssig gehalten. Im Kalten Krieg aufgewachsen, habe ich mich bereits als Kleinkind an die Bombe gewöhnt. Sogar in unserem Kindergarten hing im Frühstücksraum ein Plakat mit zwei Raketen und dem Spruch »Frieden für die Welt«. Uns war klar, dass unsere Regierenden durchaus in der Lage waren, die Welt jederzeit um des lieben Friedens willen zum Teufel zu jagen.

Wir waren Geiseln in der Hand einer vergreisten, durchgeknallten Führungsriege, und weder Jod noch irgendwelche anderen chemischen Substanzen konnten dagegen helfen. Nur Portwein. Nachdem die Tschernobyl-Katastrophe in Russland offiziell bekannt geworden war, rannten die Menschen nicht in die Apotheke, sondern in die Weinhandlungen. Die meisten sowjetischen Portweine kamen aus dem Kaukasus, aus Moldawien und von der Krim. Es waren, wie meine Frau zu sagen pflegt, »flüssige Kopfschmerzen« mit einem penetranten Beigeschmack von Methanol und trotzdem permanent ausverkauft. Möglicherweise erlitten die sowjetischen Bürger einen größeren gesundheitlichen Schaden durch diesen Portwein als durch die Explosion am AKW. Sie fühlten sich jedoch bereits nach einer Flasche supergut – der berühmte Placeboeffekt.

Damals im Kalten Krieg war die Vielfalt der Untergangsszenarien gering, nicht zu vergleichen mit dem Stand von heute. Heute haben wir eine viel größere Auswahl. Den meisten Menschen in Berlin schien jedoch die Variante, an falscher Ernährung zugrunde zu gehen, am akzeptabelsten. Die Restaurants, die Burger-Läden und Biergärten waren im Herbst bis zum Abwinken voll. Man musste drei Tage vorher reservieren, um irgendwo einen Platz in der Sonne zu bekommen. Sogar bei unserem mittelmäßigen Inder waren alle Tische eine Woche im Voraus ausgebucht. Trotz der Inflation, der nicht gebannten Coronagefahr und des Personalmangels, der in jedem Restaurant für unmögliche Wartezeiten sorgte, war Deutschland vollzählig auswärts essen gegangen. Italienisch oder asiatisch, drinnen oder draußen. Also saßen wir dank milder Temperaturen bis in den November hinein jeden Tag vor irgendeinem Restaurant, tranken und aßen und sprachen weiter vom baldigen Ende der Geschichte und dem Untergang unserer Zivilisation.

Die Menschen sind Gewohnheitstiere. Irgendwann taten die Nachrichten nicht mehr weh. Gefühlt war seit Monaten jede zweite Meldung in den Medien mit »Krise« oder »Katastrophe« überschrieben. »Krieg«, »Embargo«, »Sanktionen« und »Scheitern« waren in der Berichterstattung zu alltäglichen Begriffen geworden. Doch es war nicht alles schlecht in der Nachrichtenwelt. Frau Klum zog sich zum Karneval als Raupe an, kam aber ohne fremde Hilfe aus dem Kostüm nicht mehr heraus. Boris Becker wurde aus dem Knast entlassen und fuhr sofort zum nächsten Abenteuerurlaub nach Afrika auf Safari. Der Mann war einfach nicht zu bremsen. Und Thomas Gottschalk wollte partout sein *Wetten, dass …?* nicht auf Mallorca stattfinden lassen.

Irgendwann konnten diese ganzen Krisen und Katastrophen niemandem mehr Angst einjagen. Wir wussten längst, sie waren alltäglich und gehörten zu den Konstanten unseres Lebens. Sollte einmal jemand auf die Idee kommen, ein Katastrophenmuseum auf diesem Planeten einzurichten, es wäre das gewaltigste Museum der Geschichte. Die erste und größte Halle wäre Naturkatastrophen gewidmet, und die zweite, kleinere würde unseren bescheidenen Beitrag zur Katastrophengeschichte visuell darstellen. Kein anderes Lebewesen hat so lange und hingebungsvoll versucht, seinesgleichen auszulöschen. Seit Tausenden von Jahren führen wir diesen Krieg gegen uns selbst, und – Überraschung! – wir sind immer noch da. Wenn das kein Grund zum Feiern ist! Die Menschen hatten längst gelernt, in Katastrophen auch etwas Positives zu sehen und jedes Scheitern als Chance zu betrachten. Ohne Katastrophen wäre unsere Zivilisation gar nicht zustande gekommen. Wäre der Meteorit vor 66 Millionen Jahren nicht auf der Halbinsel Yucatán eingeschlagen, wären wir heute höchstens eine Vorspeise für Tyrannosaurus Rex. Damals starben sämtliche Dinos aus, während Vögel, Krokodile und Schildkröten überlebten. Auch Säugetiere entwickelten sich in Abwesenheit der Dinosaurier prachtvoll. Einige von ihnen sind später zum Beispiel Künstler, sogar Schriftsteller geworden. Es wäre für diese Künstler sicher viel schwieriger geworden, neben den Sauriern auf dem Planeten Fuß zu fassen.

Ohne Künstler wäre der Planet zum Sterben langweilig. Aus meiner Sicht machen sie das Leben auf der Erde überhaupt erst erträglich. Sie heilen unsere Wunden, reflektieren das Geschehene und geben unseren Träumen Nahrung. Wie Kunstkritiker früher gerne schrieben: »Sie halten der

Gesellschaft den Spiegel vor.« Obwohl Bertolt Brecht einmal behauptet hat, die Kunst solle kein Spiegel der Gesellschaft sein, sondern ein Hammer, mit dem diese Gesellschaft geändert werden könne. Spiegel oder Hammer? Die einen sagen so, die anderen so. Der Krieg brachte Klarheit. Viele Diskussionen, die seit Jahrzehnten geführt wurden, haben mit dem Beginn eines Krieges ihre Nichtigkeit offenbart. Darf Kunst unpolitisch sein? Kann Kunst die verfahrene Situation auf dem Planeten ändern? Die Antwort auf beide Fragen ist Nein. Kunst und Kultur entwickeln sich neben dem politischen Geschehen. Sie sollen die Politik nicht ersetzen, sie können ein Volk nicht davon abhalten, in eine Kloake zu springen. So haben Bach-Liebhaber und Schopenhauer-Leser ihre jüdischen Nachbarn ebenso enthusiastisch und bestialisch ermordet wie alle anderen. Und die Russen vernichteten ukrainische Städte, töteten Frauen und Kinder, obwohl sie in der Schule alle Tolstoi, Tschechow und Dostojewski auswendig lernen mussten. Es gab sogar laute Stimmen, die ebendiesen Autoren, Tolstoi und Dostojewski, die Schuld an der aktuellen Misere geben wollten. Angeblich hatten die alten Schriftsteller die »imperialistische Sprache und Weltsicht« bei den Russen gefördert, wegen denen sie heute ihre Nachbarländer bekriegten. Im Zweifelsfall war immer Dostojewski an allem schuld.

In jeder Situation suchten die Menschen erst einmal nach dem Schuldigen weit weg von der eigenen Haustür. Der Krieg verbreitete sich währenddessen langsam in Europa und darüber hinaus. Der Iran lieferte Drohnen und Raketen an Russland, und die Israelis halfen den Ukrainern, sie abzuschießen. Norwegen und Neuseeland unterstützten mit Artillerie, Nordkorea verkaufte den Russen Munition, und der Schatten eines Atompilzes wuchs aus dem Nebel der Zukunft und wurde immer größer.

Aber es war nicht alles Krieg. So schien zum Beispiel die Pilzsaison in Brandenburg sehr erfolgversprechend. In unserem Brandenburger Wald konnte man kaum einen Schritt machen, ohne auf einen Pilz zu treten. Allerdings waren neunzig Prozent davon Fliegenpilze und zum Essen ungeeignet. Die Menschheit selbst feierte unterdessen ihr eigenes stetes Wachstum: Die Weltbevölkerung erreichte in diesen Tagen die stolze Zahl von acht Milliarden Menschen, von denen jedoch neunzig Prozent in frustrierender Armut lebten. Die Ukrainer starteten im Frühjahr eine erfolgreiche Gegenoffensive und eroberten von den Russen annektierte Gebiete im Osten des Landes zurück. Diese waren allerdings zu neunzig Prozent in Schutt und Asche gelegt und vollkommen zerstört. Der amerikanische Präsident gab ein Versöhnungsinterview, in dem er seinen russischen Kollegen nicht mehr als Mörder oder Fleischer bezeichnete. Der russische Präsident habe durchaus rational gehandelt, meinte er, nur seine Ziele seien irrational. Er glaube tatsächlich, dass es keine Ukraine gab, konnte seinen

Fehler später nicht zugeben und bekämpfe nun hartnäckig ein Land, das in seiner Vorstellung nicht existierte. Das sei nur eine Phase, meinte der amerikanische Präsident. Der russische Präsident müsse nur seine Medikamente nehmen, und bald würden die Russen ihre Fehler einsehen müssen.

Da war ich anderer Meinung. Meine Friseurin hatte nämlich eine ähnliche Phase. Aus Versehen hatte sie auf den falschen Balken im Internet geklickt, sich falsch informiert und einiges über die Chemtrails-Verschwörung erfahren. Diese Verschwörungstheorie besagte, dass Kondensstreifen in Wahrheit nicht Flugzeugabgase waren, sondern von der Weltregierung aus der Luft verteilte Chemikalien, die die Verblödung der Weltbevölkerung beschleunigen sollten. Meine Friseurin war auf einmal nicht wiederzuerkennen. Jedes Mal, wenn ich zum Haareschneiden kam, versuchte sie, mich auf ihre Seite zu ziehen. Meine Argumente, dass die Beschleunigung der Verblödung ein ganz natürlicher Vorgang sei und es vollkommen überflüssig wäre, kostspielige Chemikalien dafür zu verschwenden, weil dasselbe mit herkömmlichen Medien viel billiger zu erreichen wäre, haben nichts gefruchtet. In ihrem Wahn, der Wirkung der Chemtrails zu entkommen, handelte die Friseurin äußerst rational. Sie dichtete alle Fenster und Türen ihres Ladens mit Klebeband ab und faltete sich eine Kopfbedeckung aus Folie zusammen. Neunzig Prozent aller Menschen waren aus ihrer Sicht bereits Idioten und glaubten deswegen nicht an ihre Theorie. Schweren Herzens habe ich damals beschlossen, mir die Haare wachsen zu lassen. Wohin man auch blickte, blieb die verfluchte Neunzig-Prozent-Regel ungebrochen. Nach wie vor hielten neunzig Prozent aller Menschen neunzig Prozent aller Menschen für Vollidioten. Mathematisch ging das nicht auf, gefühlt war es aber unsere traurige Realität.

Mehr Erdbewohner bedeutete auch mehr Konflikte. Die Welt brannte an allen Ecken, vor allem um Russland herum. Auf einmal feuerte Aserbaidschan auf Armenien. Baku hatte nämlich Ankara im Rücken, und die Türkei war ein Land, das selbst noch eine Rechnung mit Russland offen hatte. Man ließ aber den Aserbaidschanern den Vortritt, nach dem Motto, wenn man einen lauten Hund hat, muss man nicht selbst bellen. Kirgistan und Tadschikistan beschossen einander, Georgien schielte auf Abchasien, China versicherte, Kasachstan militärisch zu unterstützen, und machte Taiwan unsicher, Polen rüstete auf, die baltischen Länder warfen russische Touristen raus und holten amerikanische Soldaten ins Land. Und die autonomen Republiken des Nordkaukasus fingen plötzlich einen Streit über ihre Grenzen an.

Grenzen schienen in diesem politischen Chaos plötzlich eine zentrale Rolle zu spielen. Alle beschwerten sich über »willkürlich gezogene«, »künstliche gemachte« oder »ungerecht gezeichnete« Grenzen, als gäbe es irgendwo gottgegebene oder von der Natur geschaffene. Sämtliche Grenzen auf diesem Planeten waren durch Krieg, Vertreibung, Annexion und Revolution entstanden, kurz gesagt: durch Mord und Totschlag. Das ehrgeizige Projekt des russischen Präsidenten, eine neue Weltordnung mit Russland an der Spitze zu schaffen und neue Grenzen zu ziehen, ohne einen Weltkrieg anzufangen, war sehr gewagt. Es wäre ein Novum in der Geschichte, denn bisher war noch jede neue Weltordnung durch eine vernichtende Weltkriegskatastrophe zustande gekommen. Die russische Führung bildete sich jedoch ein, sie könne das auch mit einem regionalen Krieg schaffen, mit einer »Spezialoperation« gegen ein Land, das es in ihrer Vorstellung nicht gab. Jetzt hatten wir den Salat.

Die alte Weltordnung bröckelte gewaltig, die neue schien nicht in Sicht. Der russische Tanzbär war zu hoch gesprungen und auf einer Rosine ausgerutscht. Der Name der ukrainischen Stadt, die als erste von der ukrainischen Armee zurückerobert wurde – Isjum –, bedeutet nämlich »Rosine« auf Russisch. Die ukrainische Front wurde immer länger und dehnte sich inzwischen auf 1200 Kilometer aus. Im Zweiten Weltkrieg hatten auf dieser Linie zwei ukrainische Armeen, insgesamt drei Millionen Mann, gegen eine ähnlich große Armee gekämpft, die der deutschen Wehrmacht. Nun versuchte die russische Armee mit 100 000 Mann dieselbe Front gegen ein ganzes Land zu verteidigen, das zu allem bereit war und die Besatzer entschlossen bekämpfte.

Es war klar, ohne eine Mobilisierung in Russland würde diese Front schnell auseinanderfallen. Trotzdem versuchte der russische Tanzbär weiterhin so zu tun, als gäbe es keinen Krieg. Der Präsident verkündete, eine Mobilisierung sei gar nicht nötig, und wenn, dann nur eine zeitlich begrenzte Teilmobilisierung.

Während russische Soldaten unter starkem Beschuss hastig die vor Kurzem eroberten Dörfer und Städte verließen, wurde in Moskau das 875. Jubiläum der Hauptstadt mit großem Feuerwerk, Volksfesten, Attraktionen und Open-Air-Konzerten gefeiert. Die Restaurants und Cafés waren krachend voll mit Publikum, das sich amüsieren wollte. Nach zwei Jahren Pandemie gingen die Menschen wieder gerne aus. Der Präsident persönlich hatte das seit Jahren im Bau befindliche Riesenrad *Sonne von Moskau* eingeweiht, laut der Ankündigung »das höchste und sicherste Riesenrad Europas«. Darauf eine Runde zu drehen, traute sich der Präsident allerdings nicht. Er war schon lange genug im Amt, um zu wissen, dass auf Ankündigungen kein Verlass war. Und tatsächlich kam das höchste und sicherste Rad Europas gleich nach der Einweihung zum Stehen und musste wegen »vorübergehender technischer Probleme« repariert werden. Die verhinderten Benutzer beschwerten sich außerdem, das Rad sähe auf den Plakaten viel größer aus, als es in Wirklichkeit sei. »Wurde etwa auch beim Riesenrad geklaut?«, fragte die Presse rhetorisch.

Die Ultrapatrioten des Landes, die Kriegsanhänger, waren von den skurrilen Bildern aus der Hauptstadt mehr als empört. Sie kritisierten sogar offen die Regierung und den Präsidenten, weil der die Bürger unterhielt, statt sie sofort für den Krieg zu mobilisieren. Nicht nur das Riesenrad, auch die riesengroße russische Armee hatte vorübergehende technische Probleme und schien auf dem Papier viel größer zu sein als in der Realität. Ihr gingen die Soldaten aus, und die russische Führung stand vor einem Dilemma. Einerseits wollte sie auf keinen Fall Waffen an die Bevölkerung verteilen. Bei diesen Menschen konnte man nie wissen, was sie damit anstellen und in welche Richtung sie laufen würden. Es war nämlich durchaus möglich, dass der leichtsinnige Teil der Bevölkerung diese Waffen nicht gegen die Ukrainer einsetzen, sondern zur Lösung privater Probleme in den Regionen missbrauchen würde.

Eilig wurden neue Krieger gesucht und für teures Geld Söldner angeworben, solange die Kassen gefüllt waren. In den armen Regionen des Landes, in Burjatien und Jakutien, waren schon fast alle rekrutiert und die Männer in den annektierten Gebieten verheizt worden. Dafür lief die Anwerbung in den Gefängnissen anfangs solide. Jeder, der bereit war, an die Front zu gehen, bekam einen Straferlass und konnte, sollte er den Einsatz überleben, nach einem halben Jahr als Held und freier Mann nach Hause gehen.

Straferlass für Freiwillige glich einer Entblößung des

Staatsrechts. Von allen Institutionen Russlands war das Gefängnis das letzte Bollwerk der Staatlichkeit. Die Russen wussten, mochten auch alle anderen Institutionen des Staates – die Justiz, das Grundgesetz und das Parlament – reine Attrappen sein, auf den Knast war Verlass. Sollte jemand dort landen, würde er seine Strafe absitzen müssen. Aber plötzlich war auch das Gefängnis nicht mehr sicher. In der neuen Situation konnte man morden und rauben, verhaftet werden und seine Zelle schon am nächsten Tag als »freiwilliger Kämpfer« wieder verlassen. Als solcher musste man auch nicht gleich an der Front sterben. Man konnte sich gegen ein bescheidenes Honorar in ein Trainingslager abkommandieren lassen, wo man ein halbes Jahr in relativer Sicherheit verbrachte. Oder sich gegen ein weniger bescheidenes Honorar gleich als »heldenhaft an der Front gefallen und in der Luft verpufft« eintragen lassen und mit einer neuen Identität nach Hause fahren.

Zunächst gab es jedoch Vorbehalte seitens der Anwerber. Angeblich wollten sie die Drogendealer, Mörder und Vergewaltiger nicht nehmen. Doch auch diese Vorurteile wurden schnell überwunden, die Gefängnisse leergeräumt. Für viele versprach diese Anwerbung ein zweites Leben – raus aus der Zelle und ab an die frische Luft. Die roch zwar nach Pulver und Tod, aber alles war besser, als im Gefängnis zu schmoren. Den Gerüchten zufolge kamen allerdings deutlich weniger Häftlinge an der Front an, als angeworben worden waren. Andere schlaue Kerle kamen an die Front, sahen sich kurz um und gingen wieder. Für Aufsehen sorgte eine Gruppe von Schwerverbrechern, die sich einen Panzer aneigneten, Maschinengewehre mit Munition mitnahmen und Richtung Krim abdankten. Wahrscheinlich, um die Orte ihrer unruhigen Jugend zu besuchen. Interessanterweise wurde die Gruppe unterwegs größer. Aus einem Panzer wurden vier gepanzerte Fahrzeuge, und die Polizei ging ihnen weiträumig aus dem Weg.

Wie sollte man mit einer solchen Armee der Unwilligen den Krieg gewinnen? Sie bestand aus Söldnern, die ihr hart verdientes Geld später ausgeben wollten und sich deswegen vor jeder Attacke drückten, und aus Strafgefangenen, die gerade ihre Freiheit zurückbekommen hatten und nur auf eine Gelegenheit warteten, sich vorzeitig zu entlassen. Übrig blieben die wenigen frisch Einberufenen, die sich wie junge Schweine bei einem Gruppenausflug in eine Wurstfabrik fühlten. Es war klar, die Mobilisierung war unvermeidlich. Putin kündigte sie kurz vor seinem siebzigsten Geburtstag an.

»Nach den Plänen der Einberufungsämter wird nun eine Teilmobilisierung vollzogen. Wir brauchen jeden Mann, um unsere Heimat zu verteidigen«, sagte der Präsident.

Warum die Heimat auf dem Territorium eines anderen Landes verteidigt werden musste, fragte keiner. Alle wussten längst, die Heimat des Präsidenten war fließend und grenzenlos geworden, sie konnte plötzlich und überall auftauchen, und überall musste sie gegen Einheimische verteidigt werden. Aber was waren das für Mobilisierungspläne? Wann waren sie gemacht worden? Das wusste niemand. Die letzte Mobilisierung in Russland hatte während des Zweiten Weltkrieges stattgefunden. Seitdem waren die Pläne nicht mehr ausgerollt worden. Nun sollten eigentlich nur Menschen mit bestimmten Qualifikationen einberufen werden. Zum Beispiel solche, die einen Armeedienst als Panzergrenadiere absolviert hatten und in deren Militärausweis »Panzergrenadier« stand. Aber die Militärbürokratie fühlte sich mit einer solchen Aufgabe überfordert und betrachtete kurzerhand die ganze männliche Bevölkerung Russlands als potenzielle Panzergrenadiere. Sie jagte sämtlichen 35 Millionen russischen Männern Angst ein. Statt diskret ein paar Hunderttausend Bürger aus der Gesellschaft zu nehmen und an die Front zu schicken, fingen die Einberufungsstellen an, Rekruten wie Pilze im Wald zu sammeln – auf offener Straße, bei der Arbeit, in einer Bar, überall, wo welche zu finden waren. Wer sich nicht rechtzeitig versteckte, hatte Pech gehabt.

Diese Gruselgeschichte erinnerte mich an einen Albtraum, der mich in den Neunzigerjahren oft nachts heimgesucht hatte. In diesem Traum klingelte ein Unteroffizier an meiner Tür in Berlin und wollte mich ein zweites Mal in die sowjetische Armee einbestellen.

»Genosse Kaminer? Sie haben einen Eid geleistet, Sie

müssen mitkommen«, sagte der Unteroffizier in meinem Traum.

»Sind Sie völlig verrückt?«, flüsterte ich zurück. »Wissen Sie denn nicht, dass die Sowjetunion längst zerfallen ist? Und ich bin übrigens längst deutscher Staatsbürger. Ich bin alt, ich habe Rückenschmerzen, ich kann nicht einmal mehr aufrecht gehen.«

Doch alle meine Einwände zählten in diesem Traum nichts.

»Ich verstehe Sie vollkommen«, sagte der Unteroffizier, »aber die Situation hat sich verändert. Sowjetunion hin oder her, Ihre Heimat ist in Gefahr, wir brauchen jeden Mann.«

An dieser Stelle wachte ich in der Regel auf, schaute aus dem Fenster und dachte: »Gott sei Dank, Deutschland!«

Nun war mein Albtraum für Millionen meiner ehemaligen Landsleute Realität geworden. Die Teilmobilisierung in Russland war erstaunlich schnell aus dem Ruder gelaufen. Innerhalb eines Tages hatten 300 000 Menschen ihre Häuser verlassen und waren Richtung Grenze marschiert. Es war jedoch nicht die Grenze, zu der sie der Präsident schicken wollte. Sie protestierten mit den Füßen und verließen in Scharen das Land. An den Grenzübergängen zu Georgien, Armenien und Kasachstan bildeten sich vierzig Kilometer lange Schlangen. In Karelien verschwand der männliche Teil der Bevölkerung aus den Dörfern. Nach Angaben der Ortsvorsteher waren die Männer plötzlich alle Preiselbeeren sammeln gegangen. In Jakutien mussten die Männer dringend Rehe hüten und waren nicht aufzufinden, im Altai mussten sie den Wald von Altbäumen befreien, in Dagestan waren sie Ziegen suchen gegangen und hatten sich in den Bergen verlaufen.

In den Großstädten hatte die männliche Bevölkerung weniger Chancen, sich zu verstecken. Zuerst erzählte man zur Beruhigung und aus Angst vor lautstarken Protesten, die großen Städte wären von der Mobilisierung nicht betroffen. Doch die Rekrutierungsmaschine war nicht mehr aufzuhalten. Sicherheitskräfte, Nationalgarde, Verkehrspolizisten – alle mussten auf die Jagd nach frischem Kanonenfutter gehen, sonst wären sie selbst dran gewesen. Die Cafés und Restaurants leerten sich. Mitten im Zentrum Moskaus, wo man noch vor Kurzem das höchste Riesenrad Europas eingeweiht hatte und freitagabends kein Parkplatz mehr zu finden gewesen war, konnte man nun längs und quer parken. In den Bars saßen nur traurige Mädchen, als wären die Jungs alle nicht zu ihrer Verabredung erschienen. In Moskau und in St. Petersburg veranstalteten Polizisten regelrechte Hetzjagden auf offener Straße. Sie verfolgten die Männer im passenden Alter und nahmen sie mit. Nichts ahnende Menschen wurden aus der Bahn gezerrt oder von ihrem Arbeitsplatz im Büro. Bei Konzerten und Partys, vor Hauseingängen, überall wurde nach Kanonenfutter gesucht.

Mein Neffe wäre beinahe aus dem Fitnesscenter abgeholt worden. Er konnte gerade noch rechtzeitig vom Laufband springen, versteckte sich und überlegte daraufhin zu fliehen. Der helle Gedanke kam ihm recht spät, aber besser spät als nie. Nur wohin? Die demokratischen Nachbarstaaten, die Balten, Finnen und Polen, hatten den russischen Deserteuren ihre Grenzen vor der Nase geschlossen. Nun gaben sie gute Ratschläge, die Männer sollten nicht fliehen, sondern das Regime bekämpfen, protestieren und demonstrieren. Sicher gut gemeinte Tipps, bloß in einer falschen Situation. Wenn jemand nachts überfallen wird, möchte er keine Ratschläge hören, wie er besser kämpfen soll, er braucht einfach nur Hilfe.

Dafür offenbarten sich die Republiken Zentralasiens als wahre Freunde, wie man sie in der Not braucht. Wer hätte das gedacht? Mein Neffe fuhr mit einer »Interessengruppe« nach Kasachstan. Dort machten sich alle Stand-upper und Comedians über die unerwartete Auswanderungswelle aus Russland lustig. Jahrzehntelang waren Kasachen und Usbeken auf der Suche nach Arbeit in die russischen Großstädte ausgewandert. Dort mussten sie die Häme der Russen aushalten, die sie für Menschen zweiter Klasse hielten und ihnen vorwarfen, Russisch mit Akzent zu sprechen und »ü« statt »u« zu sagen. Für Arbeitsmigranten aus Asien war es sehr schwer, eine Wohnung in Moskau zu finden. »Wir vermieten nur an slawisch aussehende Leute«, annoncierten die Hausbesitzer.

Wie schnell sich alles im Leben ändert. Jetzt mussten die

geflüchteten Russen lernen, kasachische Buchstaben richtig auszusprechen und »ü« statt »u« zu sagen. Sie kniffen schon mal die Augen zu, um bei der Wohnungssuche nicht zu »slawisch« auszusehen. Aber die Kasachen waren nicht nachtragend. Sie verstanden, aus welcher Not die Menschen aus Russland zu ihnen geflohen waren.

»Sollte bei uns etwas schieflaufen, würdet ihr uns doch auch aufnehmen?«, fragte der Kasache, der die ganze »Interessengruppe« meines Neffen bei sich im Wohnzimmer für die Nacht aufgenommen hatte.

»Na klar doch, immer gern! Was für ein großartiges Land, Gott segne Kasachstan!«, antworteten die Deserteure.

Mein Neffe erzählte, seit er die Grenze überquert habe, träume er jede Nacht von Putin. Wahrscheinlich war er damit nicht allein. Es gab sicher eine Menge Russen, die von Putin träumten. Durch seine Überpräsenz im Fernsehen und in den Nachrichten war der Präsident für viele zum Unteroffizier aus meinem Albtraum geworden. Im Traum lief mein Neffe wie jedes Jahr den Moskauer Stadtmarathon und sah Putin am Wegesrand, der jedem Läufer unbedingt die Hand schütteln wollte. Im Traum wollte mein Neffe Putins Hand nicht. Er wich aus, versteckte sich hinter den anderen Läufern, aber Putin fand ihn überall, stellte sich direkt vor ihn und streckte seine Hand aus. Im Traum fühlte sich Putins Hand klatschnass an. Mein Neffe ekelte sich, wachte auf und schaute aus dem Fenster – Gott sei Dank, Kasachstan!

## 92 Sekunden vor dem Weltuntergang

### *Die Russen trinken Tee*

Die Unendlichkeit ist im Internet auf ein Minimum reduziert. Ein Klick, eine Fingerbewegung, und schon ist man ganz woanders. Die künstliche Intelligenz, die im Computer meiner Frau die Algorithmen manipulierte, zeigte ihr permanent kurze Trailer mit dem immer gleichen Inhalt: Ein älterer Mann im Turban führte eindringliche Einstellungsgespräche in seinem Harem. Er hatte sehr viele Bewerberinnen, die Frauenquote lag bei hundert Prozent. Die meisten hatten sich ganz bewusst für den Harem des Sultans beworben. Sie waren bei erfolgreichen Kriegen des Osmanischen Reiches in Gefangenschaft geraten, und der Harem bot ihnen eine Überlebenschance mit diversen Aufstiegsmöglichkeiten.

»Was soll das denn sein?«, dachte meine Frau, klickte schließlich auf das Video und geriet dadurch selbst in die Gefangenschaft der berühmtesten türkischen Fernsehserie aller Zeiten, *Das prächtige Jahrhundert,* über die Intrigen im Harem des Sultans Süleyman. 156 Folgen, jede mindestens doppelt so lang wie eine durchschnittliche amerikanische

TV-Episode, dazu noch Making-ofs und Interviews mit Hauptdarstellern, die während der Dreharbeiten alt geworden waren. Eigentlich wäre das Anschauen dieser Serie eine Beschäftigung für das ganze Leben. Doch meine Frau hat es in einem Jahr geschafft.

In der Serie war der Sultan schwer damit beschäftigt, seinen Harem in Reih und Glied aufzustellen. Er hatte mehr Frauen als die Serie Folgen, aber nur eine Lieblingsfrau: eine von der Krim verschleppte Ukrainerin, die sich erfolgreich gegen Neid, Eifersucht und die Intrigen ihrer Mitbewohnerinnen behauptete, dem Sultan völlig den Kopf verdrehte, sich emanzipierte und fast so etwas wie eine feministische Bewegung im Harem organisierte. Es ging um Leben und Tod. Die Sitten im Harem waren rau, immer wieder fielen Frauen aus dem Fenster. Meine Frau hat sich diese Schicksale sehr zu Herzen genommen und beschloss, nach Istanbul zu fahren, um all die Schauplätze der Handlung zu besichtigen. Sie überredete mich, im Herbst in die Türkei zu reisen.

Istanbul erwies sich als die lauteste und vollste Stadt, die wir je besucht hatten. Offiziell lebten dort achtzehn Millionen Menschen, die man gezählt hat, und einige Millionen, die sich nicht hatten zählen lassen. Wenn man durch die Stadt lief, hatte man allerdings das Gefühl, jeden dieser achtzehn Millionen mindestens zwei Mal getroffen zu haben. Die Türken waren temperamentvolle Menschen. Sie bewegten sich sehr zügig durch die engen Gassen, Autos fuhren in beiden Richtungen rückwärts durch die Einbahnstraßen und behalfen sich notfalls mit der Hupe, um den Weg freizuräumen. Wenn sie unser Russisch hörten, schrien die Menschen schon von Weitem: »Russe! Dawai, dawai, Wodka, Pivo!«

Ihre Vorstellung von Dienstleistung unterschied sich stark von der europäischen Norm. Besonders die Taxifahrer beeindruckten uns. Um sich in Istanbul ein Taxi zu nehmen, musste man sich zuerst vergewissern, dass der Fahrer in dieselbe Richtung wollte, der Wunsch des Fahrgastes war eher zweitrangig. Oft erwiesen sich die Taxifahrer als Teppich- und Porzellanverkäufer, die das Taxigeschäft nebenbei vollzogen. Überhaupt wollten hier alle allen irgendetwas verkaufen. Zu diesem Zweck schrien sie einander an, sie dachten wahrscheinlich, je lauter sie ihre Waren anboten, desto größer die Chancen auf ein erfolgreiches Geschäft.

Außerdem liebten die Türken laute Musik. In jeder Kneipe, über jedem Tisch hing ein Lautsprecher, der die Lieblingsmusik des Besitzers in Endlosschleife ausspuckte. Sobald man sich setzte, drehte der Besitzer als Zeichen der Aufmerksamkeit die Lautstärke noch einmal extra auf. Manchmal versuchten die Wirte am Äußeren der Gäste zu erraten, welche Musik ihnen gefallen könnte, und passten das Musikprogramm entsprechend an, sobald sich der Gast niederließ. Zumindest war es bei uns so. Kaum setzten wir uns in ein Café, verstummte der Türkisch-Rap abrupt, und man spielte für uns Leonard Cohen, »Kalinka« und Boney M.

Gegenüber von unserem Hotel befand sich ein Internat, wahrscheinlich eines für taube Kinder, denn sie wurden alle dreißig Minuten in Stadionlautstärke mit Mozarts »Kleiner Nachtmusik« zur Pause und zehn Minuten später wieder zum Unterricht gebeten. Ich hatte mir vorher nicht vorstellen können, wie es war, mit Mozart auf 180 Dezibel um 7.00 Uhr früh geweckt zu werden. Manchmal legte sich zum Frühstück noch der Ruf der Muezzins über die »Kleine Nachtmusik«. Allah ist groß. Dabei taten es die Muezzins den Taxifahrern nach und versuchten einander an Lautstärke zu überbieten, um zu zeigen, wer den größeren Allah hatte.

Vielleicht lag es an dieser Geräuschkulisse, dass die Einheimischen so nervös wirkten. Nur die Katzen und die Russen wirkten ruhig in dieser unruhigen Stadt. Überall auf der Straße und auf den Stühlen der Cafés lagen und saßen Katzen. Ständig knirschte Trockenfutter unter unseren Füßen. Angeblich hatte der Prophet einmal eine Katze gestreichelt und gesagt, kein anderes Lebewesen auf Erden besäße einen solch sauberen Rachen. Er erklärte Katzen zu heiligen Tieren und jeden, der einer Katze etwas antat, zu einem Verbrecher. Deswegen stand auf jeder Straße eine Schale mit Futter. Die Türken gingen mit diesen Tieren sehr vorsichtig um, sie fassten sie am liebsten gar nicht an.

Über Russen hatte der Prophet nichts gesagt, er hat auch nie einen gestreichelt. Daher war die Beziehung der Einheimischen zu ihnen ambivalent. Angeblich hatte die Türkei unheimlich viele syrische Geflüchtete aufgenommen, sie fielen allerdings im Stadtbild nicht auf. Vielleicht wurden sie inzwischen von Russen verdeckt. Ich wusste schon länger: Jede neue Auswanderungswelle legte sich über die vorangegangene. Nun saßen also überall die Russen – wie die Katzen. In jedem Café, in jedem Restaurant hörte man Russisch. Auch in den Museen und in der Schlange zum Harem des Sultans standen die Russen brav an. Es war offensichtlich: Meine Frau hatte *Das prächtige Jahrhundert* nicht allein gesehen. Millionen hatten es ihr gleichgetan.

Doch auch ohne diese Serie hatten die Russen wenig Urlaubsziele zur Auswahl. Kein Staat in Europa stellte Visa für Russen aus, zum begehbaren Ausland gehörten damit nur noch wenige Länder. Neben Abchasien, Kirgistan und Ägypten war die Türkei so ziemlich das einzige Land, in dem Russen Urlaub machen konnten. Also gingen sie in die Museen, besichtigten die Paläste des Sultans wie früher den Louvre in Paris oder das Pergamonmuseum in Berlin. In den Touristenschlangen, die hauptsächlich aus muslimischen Familien bestanden, fielen die Russen auf. Obwohl ihr Präsident den Abschied vom Westen und eine Annäherung an Asien verkündet hatte, wurde ich das Gefühl nicht los, dass die Russen sich verlaufen hatten. Irgendwie gehörten sie nicht hierher. Wie ein Groschen waren sie zwischen Ost und West, zwischen Europa und Asien in einen Schlitz gefallen und fanden allein nicht wieder hinaus.

Aus den Gesprächen, die ich aufschnappte, konnte ich schließen, dass sich viele für das Byzantinische Reich interessierten und für das christlich-orthodoxe zweite Rom, als Istanbul noch Konstantinopel hieß. Doch aus dieser Zeit waren nur wenige steinerne Zeugnisse erhalten geblieben. Die ganze Pracht des Osmanischen Reiches durfte von den Ruinen und Mosaiken der byzantinischen Zeit nicht überschattet werden. Man präsentierte es als eine extrem ferne Vergangenheit, als Neandertaler noch Dinos jagten. Die Sultangräber sahen dafür nagelneu aus.

Neben den Touristen gab es natürlich auch Russen, die offensichtlich nicht urlaubshalber in die Türkei gekommen waren. Nicht nur junge Menschen waren vor dem Krieg geflüchtet. Obwohl die Teilmobilmachung offiziell für erfolgreich beendet erklärt worden war, hatte man in Russland brav weiter mobilisiert und zwar gemäß einem neuen Mobilisierungsgesetz sämtliche Männer bis zum Alter von fünfzig Jahren. Nach der Teilmobilmachung wurde außerdem eine Teilenteignung zur Linderung der Nöte an der Front erwartet. Die Menschen wussten nicht, wie es am nächsten Tag weitergehen würde. Sie versuchten, ihr Leben und ihr Geld zu retten, saßen in Cafés und bestellten mit bescheidenen Englischkenntnissen schwarzen türkischen Tee. Der schmeckte in der Tat hervorragend, wurde aber in winzigen Gläsern serviert. Deswegen versuchten die Russen immer gleich eine doppelte Portion zu bestellen.

»Two tees for two and two«, sagten die Pärchen unisono.

»Hey, Russki, dawai, dawai, hier gibt's Wodka und Bier!«, riefen die Türken zurück, wenn sie diese Menschen Russisch reden hörten. Sie hatten noch immer das alte Klischee im Kopf, wonach Russen lustige Trinker waren, die gern Orgien feierten. Doch die Zeiten hatten sich geändert. Die Russen tranken Tee und hörten Nachrichten aus der Heimat, die sie laut stellten, um Leonard Cohen zu übertönen. Die Meldungen gaben keinen Anlass zu Optimismus. Die Mobilisierten wurden an die Front verfrachtet und dort abgesetzt, oft ohne Waffen, ohne Proviant und ohne einen klaren militärischen Auftrag. Viele verließen ihre Stellungen und flohen in den Wald. Dort hofften sie, den Krieg irgendwie zu überleben. Auch die Russen in Istanbul hofften, die schlimme Zeit mit einer Katze auf dem Schoß und türkischem Tee zu überbrücken.

»Ich bin fertig mit dieser Stadt«, verkündete meine Frau nach drei Tagen. »Wir können nach Hause fahren.« Irgendwie schien die ganze Romantik des Harems verflogen zu sein. Sie litt wie ich unter Mozarts »Kleiner Nachtmusik«, fand die Stadt anstrengend und die Fahrweise sowie den übertriebenen Geschäftssinn der Einheimischen beinahe lebensbedrohlich. Nur die Katzen hatten sie fasziniert. Interessanterweise war in all den 156 Folgen ihrer Lieblingsserie keine einzige Katze vorgekommen. Jetzt saßen sie im Palast sogar in der Grabstätte des Sultans auf dem Teppich.

Mit gewisser Erleichterung flogen wir zurück nach Berlin. Zu Hause amüsierte sich meine Mutter prächtig über die Nachrichten aus dem russischen Fernsehen. Der Abgesandte der Russischen Föderation klagte mit vollem Ernst vor der UN, stichfesten Berichten der russischen Geheimdienste zufolge, würden die Amerikaner die ukrainische Armee mit giftigen Kriegsmücken ausstatten, die als biologische Waffe an der Front eingesetzt würden. Die Lieferung der Kriegsmücken müsse von der UNO unterbunden werden, sonst sähen die Russen sich berechtigt, ebenfalls auf biologische Waffen zurückzugreifen. Kriegsmücken, auf Englisch *combat mosquitoes*, waren neu in der russischen Kriegsrhetorik. Nach geheimen amerikanischen Biolabors mit Corona-infizierten Fledermäusen und genmanipulierten Tauben, die Gift auf russisches Territorium kackten, sollten nun Kriegsmücken für eine weitere Eskalation sorgen. Niemand konnte diesen Zirkus noch verstehen. Glaubte die russische Führung ernsthaft an Kriegsmücken? Im November? In der Ukraine regnete es, es war eindeutig zu kalt für Mücken, es sei denn, sie bekämen den winterlichen Temperaturen angepasste Mückenuniformen der amerikanischen Armee. Aber davon hatte der Abgesandte der UN nichts erzählt.

Ausgerechnet Deutschland geriet ins Visier der russischen Berichterstatter, denn nach russischen Berechnungen hätten die Deutschen ohne russisches Gas schon längst erfroren sein müssen. Waren sie aber nicht. Dank der milden Temperaturen liefen sie noch im späten Herbst in kurzer Hose und T-Shirt auf der Straße herum. Was macht man, wenn Wunsch und Wirklichkeit nicht übereinstimmen? Man biegt die Wirklichkeit zurecht. Also taten die russischen Berichterstatter so, als wäre Deutschland eingefroren. Die Mehrheit der deutschen Bevölkerung wusste davon nichts, weil sie die russischen Medien nicht verfolgte. Die Menschen ahnten nicht, dass sie in einem tiefgefrorenen, verarmten, dem Untergang geweihten Land lebten. Laut russischen Informationen hatten die Berliner nahezu alle Bäume im Tiergarten zu Heizzwecken abgeholzt, so hatte es angeblich das Nachrichtenunternehmen Bloomberg berichtet. Nun sammelten die Bürgerinnen und Bürger den Elefantenmist im Zoo, weil sie erfahren hatten, dass man mit dem Mist auch heizen konnte. Doch der Mist reichte nicht für alle. Deswegen hatten die »Russischen Häuser« – noch verbliebene Kultureinrichtungen und Konsulate der Russischen Föderation – ein humanitäres Hilfsprogramm gestartet. In diesen Häusern konnte die frierende deutsche Bevölkerung ihre Handys an einem stabilen Stromnetz aufladen. Erwachsenen wurden zu heißem Tee mit Plätzchen Tarkowski-Filme gezeigt, Kinder durften sich russische

Zeichentrickfilme ansehen. Die Interviews mit dankbaren Einheimischen, die leider kein akzentfreies Deutsch sprachen, konnten Steine zum Weinen bringen.

Ein anderes Problem in Europa seien die Haustiere, berichtete die Propaganda. Angesichts der grassierenden Inflation könnten die Menschen in Europa ihre Katzen nicht mehr füttern und setzten sie vor die Tür. Zum Beweis zeigte man Bilder aus den Straßen von Istanbul. Einige Katzen meinte ich sogar erkannt zu haben. Schuld an allem seien die bösen Amerikaner, unter deren Diktat Europa litt. Den europäischen Regierungen fehle es an Souveränität. Sonst wären sie längst Putins beste Freunde und müssten nicht frieren, sinnierte der russische Europaexperte.

Natürlich waren diese Nachrichten nicht für Europäer bestimmt, sondern für Russen, die alles glaubten, was im Fernsehen erzählt wurde. Manche von ihnen hatten Freunde und Verwandte in Europa, so wie die beiden Freundinnen und die Schwester meiner Mutter. Sie machten sich große Sorgen um Mama und ihre Katze und riefen meine Mutter in Berlin an, ohne Rücksicht auf die Telefonkosten. Sie konnten nicht gleichgültig bleiben, wenn es anderen schlecht ging. Das brach ihnen das Herz. Sie waren alle knapp neunzig Jahre alt, hatten eine mickrige Rente, die nicht einmal ausreichte, um die Stromrechnung zu begleichen, und die meisten von ihnen hatten ihre Wohnung seit Jahren nicht verlassen können, weil sie in oberen Stockwerken von Häusern ohne Fahrstuhl lebten und auf Straßen zurechtkommen mussten, die nicht einmal mit Gehhilfe zu bewältigen waren. Russland war nicht gerade barrierefrei. Sie waren voll und ganz auf ihre Enkel angewiesen, die sie einmal pro Woche mit Lebensmitteln und Medikamenten versorgten und ihre Haushaltskosten zahlten. Aber ihre ganze Sorge galt meiner Mutter, deren Katze und den Bäumen im Berliner Tiergarten.

»Keine Angst, die Bäume sind noch alle da«, sagte Mama am Telefon geduldig. »Der Katze geht es auch gut, und überhaupt haben wir einen sehr warmen Herbst, jeden Tag zwanzig Grad plus. Aber danke der Nachfrage, wir halten durch.«

# 91 Sekunden vor dem Weltuntergang

## *Der erste Schnee*

Die Deutsche Gesellschaft für psychiatrische Hilfe und gute Laune hat zum ersten Advent ein Papier veröffentlicht, in dem es hieß, dass der Klimawandel nicht nur das Wetter durcheinanderbrachte, sondern sich auch negativ auf die geistige Gesundheit der Bevölkerung auswirkte. Laut den sozialen Umfragen seien die Unwohlgefühle im Volk gestiegen. Gemeint waren Hoffnungslosigkeit, Traurigkeit, Schuldgefühle sich selbst und anderen gegenüber, Angst und Sorgen sowie das wachsende Gefühl der Belanglosigkeit des Daseins, die sich trotz Bürgergeld, Fußballspielen und den Weihnachtsmärkten ausbreiteten. Dazu kam noch der Schnee, den meine Frau »Faschismus der Natur« nennt.

Der Schnee kam recht unerwartet, quasi über Nacht, ohne Vorankündigung, und hat die Menschen wie ein unwillkommener Gast überrascht. In der Regel warten die Berliner ab Anfang Dezember auf Schnee, fragen einander, wo er wohl blieb und ob wir schon wieder ein schneeloses Weihnachtsfest feiern müssten. Wenn der Schnee endlich kam, war Weihnachten tatsächlich längst vorbei. Der

Schnee schämte sich und löste sich vor lauter schlechtem Gewissen gleich wieder in Luft auf.

Dieses Jahr aber hatten wir noch gar nicht an Schnee gedacht. Wir saßen noch im November draußen in der Sonne, als die Straßen plötzlich weiß wurden. Die Kraniche, die Vögel des Glücks, waren bis zuletzt noch am Grübeln, ob sie in den Süden fliegen oder doch bleiben sollten, weil der Norden schon Süden war. Aber jetzt flogen sie in beängstigender Unordnung und sehr tief über unsere Köpfe hinweg Richtung Köln, wobei ihnen andere Kraniche aus Köln entgegenkamen, was zu Kranich-Kollisionen führte. Die einen wollten wahrscheinlich ihrer üblichen Route folgen, die anderen überlegten, ob man nicht eine andere wählen sollte. Auch bei den Menschen kam alles durcheinander. Auf einmal hatten wir Weihnachten mit halber Beleuchtung, Wahlkampfwiederholung in Berlin, den eingefrorenen Krieg in der Ukraine und eine Fußball-WM in Katar, und das alles gleichzeitig. Das hatte es noch nie gegeben.

Die Bürger waren verwirrt. Wie sollte das gehen, Fußball gucken mit Glühwein statt Bier und daneben auch noch Weihnachten feiern? Die Berliner Bürgermeisterin schien aber auf Zack zu sein: Sie schaltete sofort in den Wahlkampfmodus, verurteilte die Menschenrechtsverletzungen in Katar – kein Bier im Stadion, eine krasse Verletzung der Menschenwürde – und legte eine erstaunliche Geschwindigkeit bei der Eröffnung der Weihnachtsmärkte hin. Obwohl wegen Personalmangel überall in der Stadt Weihnachtsmänner fehlten, eröffnete die Bürgermeisterin an einem Montag fünf Weihnachtsmärkte in vier Stunden, was mich an die alte Parole meiner Heimat erinnerte: »Fünfjahresplan in vier Jahren!«

Früher konnten die Russen noch gut über sich lachen, sie machten Witze über solche Parolen: Ein Meteorit rast auf die Erde zu, die Menschheit hat nur noch drei Tage zu leben. Was tun? Die Franzosen feiern Partys, jagen Röcken hinterher und versuchen, in der verbleibenden Zeit mit allen Frauen anzubandeln. Die Amerikaner holen ihre Whiskeyvorräte aus dem Keller und üben sich im schnellen Austrinken. Und die Russen tauschen die Plakate aus: Fünfjahresplan in drei Tagen!

Inzwischen waren die Russen in ihrem heiligen Krieg gegen alle Supermächte der westlichen Welt irgendwo bei Luhansk festgefroren. Präsident Putin traf sich mit Soldatenmüttern, die ihre Söhne verloren hatten und für dieses Treffen von seiner Administration sorgfältig ausgewählt worden waren. Trotz ihrer Verluste weinten die Mütter nicht, sie schauten fröhlich in die Kamera. Der Präsident gratulierte ihnen zu ihren Söhnen.

»Jedes Jahr sterben in unserem Land 30 000 Menschen an den Folgen von gepanschtem Alkohol«, erläuterte der Präsident. »Und weitere 30 000 bei Verkehrsunfällen auf schlechten Straßen. Mehrere Hunderttausend sterben sogar einfach so, praktisch grundlos. Dabei ist es doch viel besser, für eine gute Sache, zum Wohl der Heimat im Kampf gegen die Supermächte sein Leben zu lassen, oder?«, fragte er die Mütter.

Die Mütter sagten nichts, nickten aber verständnisvoll. Meine vor der Mobilisierung geflüchteten Freunde meinten, diese Mütter seien nicht echt. Aber wen sollte das kümmern? Die Politiker des Westens schienen ein fettes Kreuz auf Russland gemacht zu haben. Sogar der Russlandfreund Frank-Walter Steinmeier gab zu, er habe sich in Putin geirrt. Und Emmanuel Macron, der oft und gerne mit dem russischen Präsidenten plauderte, rief Putin nicht mehr an. Sie alle hatten verstanden, dass der Mann von seinem Kurs nicht abzubringen war. Auf seinem Weg ins Abseits würde er auf keine Ratschläge hören, keine Kompromisse eingehen, und sein gehorsames Volk würde ihm folgen. Sogar sein Lieblingsdeutscher Gerhard Schröder fuhr nicht mehr nach Moskau. Die russische Führung hatte nun neue Freunde. Sie wollte ihre Geschäfte mit Uganda intensivieren und mit Iran gemeinsame Drohnenfabriken bauen. Mit Europa war Schluss.

Den ehemaligen Freunden und Kollegen blieb nichts anderes übrig, als Russland und seinen Präsidenten traurig und schweigend aus sicherer Distanz auf diesem einsamen Weg in die Vergangenheit und Richtung Uganda zu begleiten und aufzupassen, dass das Land unterwegs nicht zu doll schwankte. Kaum zu glauben, wenn man bedachte, dass die Russen die Gastgeber der letzten Fußball-WM gewesen waren! Die ganze Welt war bei ihnen zu Gast gewesen, obwohl sie zu diesem Zeitpunkt schon die Krim geschluckt und nicht einmal gehustet hatten. Aus heutiger Sicht unvorstellbar. Inzwischen wollte niemand mehr mit ihnen Fußball spielen, in Katar hatten sie nichts zu suchen.

Aber auch ohne Russen entwickelte sich die Weltmeisterschaft zum größten Skandal in der Fußballgeschichte. Die FIFA hatte große Mühe, die WM 2022 als Zeichen der Solidarität und der Toleranz gegenüber der südlichen Halbkugel zu propagieren. Wir müssten an die Australier, Afrikaner und Südamerikaner denken, bei denen im Juni und Juli immer schon Winter war. Zum ersten Mal konnten die Menschen auf Madagaskar die WM im Sommer genießen. Doch für die deutschen Fußballfans war das Glück auf Madagaskar ein schwacher Trost. Die meisten Fußballfans in meiner Umgebung schienen diese WM schlicht zu ignorieren. Ich suchte vergeblich nach einer Kneipe, in der ich in guter Gesellschaft die Spiele sehen konnte. Die gehobene Sportbar bei mir um die Ecke, die eigentlich immer voll war und jedes Spiel zeigte, selbst Osnabrück gegen Ingolstadt, verweigerte sich der WM komplett. Angeblich wegen krasser Verletzung der Menschenrechte in Katar, vor allem weil die katarische Regierung die Vielfalt sexueller Orientierungen nicht akzeptieren wollte. Der Besitzer der Sportbar, selbst ein vielfältig Orientierter, meinte, er wolle die Intoleranz der Gastgeber nicht unterstützen.

Gefühlt verweigerte sich jede zweite Kneipe der Fußballübertragung, so groß war deren Solidarität mit den von Katar unterdrückten Bevölkerungsschichten. Außerdem passte Fußball nicht zur Weihnachtsstimmung. Die Spiele wurden zu unmöglichen Zeiten übertragen, die Fans mussten zwischen Weihnachtsbaumschmücken und Dominosteineschlucken auch noch ein Fußballspiel gucken, an einem Donnerstag um 14.30 Uhr. Die hartgesottenen Fußballfans versammelten sich in der Raucherkneipe Reginas Eck zuerst nur zu den Spielen der Deutschen, die nicht lange währten. Aber auch nachdem die deutsche Elf ihren kurzen Aufenthalt in Katar ruhmlos zu Ende gebracht hatte, verkleinerte sich die Anzahl der Besucher in Reginas Eck nur unwesentlich. Die meisten hatten plötzlich eine neue Fußballidentität gefunden. Sie sahen sich nicht mehr verpflichtet, aus patriotischen Gründen für Deutschland zu sein, und konnten frei entscheiden, wen sie wirklich mochten. Erstaunlich viele fieberten für die Marokkaner, noch mehr waren für Brasilien, einige für die Niederlande.

Die Niederlage der Deutschen wurde schnell ausgeblendet, nur die harte Patrioten-Ecke konnte bis zum Finale nicht loslassen und arbeitete das Debakel immer weiter auf. Wer hatte daran Schuld, wer trug die Verantwortung? Für die einen war es der Trainer, für die anderen die Spieler selbst, allesamt hochnäsige abgehobene Millionäre, die keine Lust mehr hatten, sich zu verausgaben. Die Dritten gaben dem DFB und dem Wüstenemirat Katar die Schuld: Das ungewöhnliche Klima und die schlechte Organisation der Reise hätten unsere Spieler auf dem Rasen ausgebremst. Die Sexisten machten LGBTQ+ und die liberalen Werte für die Niederlage verantwortlich. Hätten unsere Spieler sich bloß nicht so viel mit ihren One-Love-Binden beschäftigt und stattdessen stärker aufs Spiel konzentriert, wären sie sicher weitergekommen. Die Rassisten priesen die japanische Mannschaft, nur aus echten Japanern bestehend und ohne Allüren. Die Bewunderung endete jedoch abrupt, als die japanische Mannschaft ausstieg und trotzdem nicht kollektiv Harakiri auf dem Feld verübte. Die »Fridays for Future«-Anhänger behaupteten, die Niederlage wäre vorprogrammiert gewesen, eine logische Konsequenz aus dem allgemeinen Verlauf des Lebens. Nicht nur die Deutschen, alle alten weißen Männer versagten nämlich auf ganzer Linie. Die alten weißen Männer in der Bar zeigten jedoch auf die Franzosen und die Engländer, die trotz allem weiterkämpften.

Ich sagte immer, hey Leute, es ist nur ein Spiel. In einem Spiel geht es auch darum, manchmal zu verlieren. Gewinnen ist Glückssache. Natürlich ist das Können wichtig, aber auch eine gehörige Portion Fortüne gehört dazu. Als Erwachsener muss man verlieren können. Nur Kinder stehen ausschließlich auf Gewinner. Deswegen können viele Freunde von mir, die als Fans von Werder Bremen oder Schalke 04 durchs Leben gehen, ihre Begeisterung für diese

Mannschaften nicht an ihre Kinder weitergeben. Die Kinder sind immer für Bayern München, weil, wie sie sagen, Bayern München immer gewinnt. Es gilt in Kinderkreisen als asozial und verachtenswert, gegen Gewinner zu sein. Kinder machen sich keinen Kopf, für wen man fiebern soll, sie wollen einfach auf der Sonnenseite des Lebens stehen. Als Erwachsene werden sie lernen müssen zu verlieren.

Meine neuen russischen Freunde, allesamt frisch Geflüchtete, die trotz der Empfehlung ihres Präsidenten nicht im Kampf gegen die Supermächte untergehen wollten, hatten Angst vor Reginas Eck. Es war ihnen zu volkstümlich. Sie schauten nur gelegentlich auf dem klitzekleinen Fernseher bei mir in der Küche zu, wie die bestens vorbereiteten Mannschaften des traditionellen Fußballs gegen Neuankömmlinge versagten, die argentinische Mannschaft gleich zu Beginn der Spiele innerhalb von fünf Minuten zwei Tore von den Saudis kassierte und die deutsche Supermannschaft gegen Japan verlor. Die alten weißen Männer versagten eben tatsächlich.

Der südasiatische Fußballhorror ging weiter, bestimmt auch eine Folge des ökologischen Ungleichgewichts. Wie ein Krake vereinnahmte der Klimawandel alle Lebensbereiche, und niemand konnte uns vor ihm schützen, außer vielleicht der »Letzten Generation«, die sich pausenlos irgendwo anklebte. In der deutschen Berichterstattung verdrängten sie sogar den Krieg von den Titelseiten. Wir fragten uns, warum die Letzte Generation nicht nach Katar gefahren war, um sich im Namen der Menschenrechte an einem Fußball festzukleben. Wahrscheinlich wussten sie, dass das nicht klappen würde. Das ganze Land war voller Sand, und auf dieser Oberfläche versagten sämtliche Klebstoffe.

Aber auch ohne nach Katar zu fahren, dominierte die Letzte Generation wochenlang die Schlagzeilen der deutschen Medien. Junge Ökoaktivisten klebten sich an Kunstwerke in Museen, auf deutsche Autobahnen und an ein Dirigentenpult in der Elbphilharmonie. Es gelang ihnen sogar, den Berliner Flugbetrieb lahmzulegen. Eine Gruppe hatte sich Zugang zum Flughafengelände verschafft und auf der Landebahn festgeklebt. Das politische Personal Deutschlands verurteilte das als inakzeptabel und unfassbar. Doch der Umgang mit sich überall anklebenden Klimaaktivisten musste noch gelernt werden. Neben den Störungen in Flug- und Autoverkehr, die sie verursachten, brachten sie auch die Freizeitangebote der Gesellschaft in Gefahr. Und was noch schlimmer war: Sie übten eine große Anziehungskraft auf die junge Generation aus, die nicht tatenlos zusehen wollte, wie die Welt vor ihren Augen zerbröselte.

Meine Tochter und ihr ganzer Freundeskreis fanden die Letzte Generation großartig. Sogar bei meinem Nachbarn in Brandenburg auf dem Land, wo sich Fuchs und Hase täglich freundlich grüßen, verspottete die Tochter die Eltern. Sie nannte sie die Vorletzte Generation und spielte mit dem Gedanken, sich aus Protest gegen den Klimawandel auch irgendwo anzukleben, ohne die Vorletzte Generation im Vorfeld darüber zu informieren. Vielleicht an dem denkmalgeschützten Pflasterstein am Wegesrand. Die Vorletzte Generation machte sich Sorgen darüber. Sich im wunderschönen Brandenburg anzukleben, konnte lebensgefährlich sein. Hier fuhr selten ein Auto vorbei, auf die regionale Presse war auch kein Verlass, und man verhungert eher, bevor einen jemand bemerkte.

Politiker und die Spießer sahen in diesen Aktionen nur Ruhestörungen. Sie beschimpften die Jugend als Straftäter und Hooligans. Wenn sie bloß etwas genauer hingeschaut hätten. Die Jugend wollte mit dieser unbeholfenen Geste ihrer Welt eine Chance geben, ihren Landebahnen, ihren Konzertsälen und Kunstwerken, den Requisiten einer im Abgang begriffenen Konsumkultur. Sie klebten sich an diesen Requisiten fest. Wie eine alte schöne Porzellantasse bekam die Konsumwelt einen Riss nach dem anderen. Der frische Kaffee war für die Tasse viel zu heiß, es war klar, sie würde bald zerbrechen und in der Hand kaputtgehen. Es sei denn, man übergoss sie vorbeugend mit Klebstoff und klebte sich selbst vorsichtshalber auch noch an die Tasse.

Meine Lieblingskarikatur über die Letzte Generation zeigt einen Champagner-Empfang bei einem reichen Kunstliebhaber, der seine Gäste mit einer neuen Eroberung beeindrucken will. Am Rahmen seines Kunstwerks, das er gerade bei einer Auktion ergattert und im Wohnzimmer ausgestellt hat, klebt noch eine Klimaaktivistin. »Wir haben sie nicht abbekommen«, erklärt der Sammler dem Publikum. Die junge Frau am Rahmen lächelt gequält in die Runde.

Ein Freund von mir, ein Fachwirt für Reinigungs- und Hygienemanagement aus Dortmund, bekam dank der Aktionen der Letzten Generation neuerdings jede Menge ungewöhnlicher Anfragen. Zahlreiche Kultureinrichtungen wollten sich vorsorglich gegen den Ärger wappnen. Mein Freund fühlte sich in seinem Fachwissen herausgefordert. Aufgrund seines Expertenwissens war er zwar auch früher schon regelmäßig von Freunden und Kollegen um fachlichen Rat gebeten worden, doch dabei war es meistens um Rotweinflecken auf hellen Textilien, Kalkablagerungen in Duschen und ähnliche haushaltsübliche Fragen gegangen. Diesmal ging es um die Rettung wertvoller Kunstgegenstände. Für interessierte Kultureinrichtungen verfasste er einen Wegweiser mit dem Titel »Die fachgerechte Entfernung fest anhaftender Klimaaktivisten von wertvollen Oberflächen unserer Gesellschaft«. Das Ablösen der Aktivisten war bei den speziellen Sekundenklebern, die sie benutzten, eine knifflige Angelegenheit. Es sollte auf keinen Fall eine mechanische Trennung der Oberflächen durch einen scharfen Gegenstand erfolgen, weil eine solche Trennung im Kontext dieser Verbindung zu großem Schaden auf beiden Seiten führen konnte. Auch den Einsatz von acetonhaltigen Lösungsmitteln hielt mein Freund für bedenklich. Es wäre in diesem Fall ratsam, ökologisch gerechte, natürliche »grüne« Lösungsmittel aus Biomaterialien zu verwenden.

Es gab Indizien, die leider noch nicht wissenschaftlich belegt waren, dass die im Harn weißer Biber enthaltenen Verbindungen eine ablösende Wirkung entfalten konnten. Allerdings standen weiße Biber auf der Liste der bedrohten Tierarten. Daher konnten sich die erforderlichen Experimente in die Länge ziehen. Viel einfacher wäre es wahrscheinlich, die Klimaaktivisten zu überreden, mit der Bundesregierung zusammenzuarbeiten. Die würde sicher auch gern etwas gegen den Klimawandel unternehmen, allerdings ohne sich im Bundestag an die Stühle zu kleben. Man müsste sich bloß über die wechselseitigen Ziele austauschen und konkrete Angebote zu deren Erreichen machen.

Die Jugend, die sich an Kunstwerken in Museen festklebte und berühmte Bilder mit Kartoffelbrei übergoss, setzte auf gesellschaftliche Empörung ganz im Sinne des populären Traktats »Empört Euch!« des französischen Philosophen Stéphane Hessel. Er rief darin die Jugend zum zivilen Ungehorsam und zur gewaltlosen Revolte angesichts des traurigen Zustandes des Planeten auf. Doch möglicherweise hatte die Letzte Generation den Philosophen falsch verstanden. Er meinte, die Aktivisten sollten sich über die egoistische Gesellschaft empören. Es passierte aber genau das Gegenteil: Die Gesellschaft empörte sich über die Aktivisten.

Die Klimaaktivisten kritisierten die egoistische Konsumgesellschaft. Wie konnte man Kunst genießen und sich des Lebens freuen, während anderswo Menschen verhungerten, Wälder verrotteten und Häuser überschwemmt wurden? Angesichts dieser Umstände war die Letzte Generation bereit, in jedes Champagnerglas zu spucken, mit dem auf diesen leidgeprüften Planeten angestoßen wurde. Die egoistische Gesellschaft empörte sich ebenfalls. Wie konnte man so blöd, so kindisch und naiv sein zu glauben, dass man den Planeten retten konnte, indem man sich an der Sixtinischen Madonna vergriff oder auf den Autobahnen für noch mehr Stau sorgte?

Die gegenseitige Empörung war groß. Dabei lagen beide Seiten in ihren Vorstellungen über den Zustand der Welt gar nicht so weit auseinander. Inzwischen wollte niemand mehr bestreiten, dass es dem Planeten nicht gut ging und wir alle daran schuld waren. Die egoistische Gesellschaft wollte den Planeten ja auch retten, nur nicht jetzt sofort. Und schon gar nicht im Alleingang. Das würde ja bedeuten, sofort aus dem Auto steigen und den weiten Weg zu Fuß gehen zu müssen, während Inder und Chinesen lustig weiterfahren durften.

Wir brauchen eine gescheitere Lösung, sagte die Konsumgesellschaft. Am besten durch Einsatz von neuen Technologien, mithilfe des Fortschritts und der Wissenschaft, ohne Verlust des ökonomischen und sozialen Status, ohne Umstellung der Bedürfnisse. Es muss doch eine Lösung geben, wie man den Planeten quasi im Vorbeifahren rettet, ohne dafür aus dem Auto steigen zu müssen. Wir sollten zuerst mit den Indern und den Chinesen reden, mit Russland und Uganda, von allen anderen ganz zu schweigen. Es hat keinen Sinn im Alleingang. Wir denken uns also erst einmal bei einem Glas Champagner etwas Gescheites aus und melden uns, wenn der Champagner alle ist, sagte die egoistische Konsumgesellschaft.

Die Letzte Generation konterte, es habe keinen Sinn, auf die anderen zu schielen, man müsse bei sich selbst anfangen und mit gutem Beispiel vorangehen, wenn man die Welt wirklich retten wolle. Die anderen würden das sehen und nachziehen.

Schon möglich, argumentierte die egoistische Gesellschaft. Und wenn nicht, was dann? Dann stehen wir ganz schön blöd da, und zwar ohne Champagner, und die anderen lachen uns aus.

Mich erinnerte diese Auseinandersetzung an die russischen Aktionskünstler aus den Neunzigern, die über Jahrzehnte versucht hatten, mit ihren mutigen Aktionen die verschnarchte russische Gesellschaft wachzurütteln. Ihre Vorgehensweise war im Prinzip dieselbe. Einer von ihnen hatte im Amsterdamer Stedelijk Museum ein Dollarzeichen auf ein Bild von Kasimir Malewitsch gesprüht, wurde dafür verhaftet und saß ehrlich seine zwei Jahre in einem holländischen Knast ab. In seiner Zelle verfasste er das Buch *Die Internationale der nicht lenkbaren Torpedos*. Gerüchten zufolge hatte er das Manuskript auf Toilettenpapier, einem Recyclingprodukt, geschrieben, um damit auch noch gegen die Abholzung des Regenwaldes zur Papierherstellung zu protestieren. Das Buch selbst erschien aber später auf schickem dickem Papier.

Ein anderer, wahrscheinlich der letzte seiner Generation, hatte vor gar nicht langer Zeit seine Hoden auf dem Roten Platz festgenagelt. Damit wollte er zum Ausdruck bringen, dass der Staat immer weiter zu einer Diktatur mutierte und alle Bürger des Landes im Sack hatte. Der Rote Platz wurde rund um die Uhr durch Hunderte von Kameras überwacht. Schon eine halbe Minute nach Beginn der Aktion erschien die Polizei und bat den Künstler mitzukommen. »Würde ich gerne, aber ich kann nicht!«, sagte der Künstler, der nackt auf dem Roten Platz saß. Seine Aktion erreichte in der Tat die Gesellschaft und rüttelte sie in gewisser Weise wach. Der Künstler wurde mit Einladungen und Zuschriften überschüttet. Die Menschen stellten ihm jedoch keine politischen Fragen, sie diskutierten auch nicht, was getan werden müsse, um die Kontrolle über den eigenen Staat zurückzugewinnen. Alle wollten bloß wissen, ob seine Hoden wieder heil seien.

Nach und nach gelang es dem Staat, all diese mutigen Künstler zur Ausreise zu zwingen. Angesichts der Wahl zwischen Knast oder Ausland verließen viele Aktionisten das Land. In Abwesenheit der kritischen Kunst verwandelte sich das autokratische Weichei in eine harte totalitäre Diktatur und begann das zu tun, was alle Diktaturen früher oder später taten: Kriege zu führen und Menschen zu töten. Was sollten sie sonst tun? Angeblich war unser Planet aus Staub entstanden, aber was hielt den Staub zusammen, mit welchem Klebstoff war er zu einer Kugel geworden? War es nicht das von Imperien und Diktaturen vergossene Blut, das diesen Staub zusammenhielt? Und sind nicht die Ozeane mit den Tränen von Müttern gefüllt, echten Müttern, die ihre Söhne verloren haben? Seit Anbeginn der Zeiten fließen die Tränen, und das Blut strömt, während anderswo die Menschen Fußball gucken und überlegen, zu welchem Weihnachtsmarkt sie gehen sollen.

Ich ging mit meinen russischen Freunden zum Weihnachtsmarkt auf dem Alexanderplatz. An einem endlosen Regal mit Nüssen und Süßigkeiten konnte sich jeder eine Tüte zusammenfalten und füllen. Die ganze Zeit lief uns eine Verrückte hinterher, die uns auf Englisch aufforderte, alle Nüsse wieder zurückzulegen: »Put it in!«, schrie sie oder so etwas Ähnliches. Ich war verwirrt und wusste nicht, warum sie uns verfolgte, bis wir verstanden, was sie von uns wollte. Wir sollten nicht die Nüsse zurückschütten, sondern Putin etwas klarmachen. »Make it clear with Putin!«, wiederholte die Frau. Wir sollten Putin etwas klarmachen. Klar. Nur wie?

# 90 Sekunden vor dem Weltuntergang

## *Tschaikowsky*

Der ukrainische Kulturminister machte den europäischen Ländern den Vorschlag, bis zum Ende des Krieges ein Tschaikowsky-Embargo zu verhängen. Russlands Invasion sei ein imperialistischer Krieg, ein Versuch des Möchtegern-Imperiums, die Macht über seine ehemaligen Kolonien zurückzugewinnen, koste es, was es wolle. Vor diesem Hintergrund spiele der Kulturkampf eine wichtige Rolle, auch Tschaikowsky werde in diesem Kampf als Waffe eingesetzt, meinte der Minister:

»Wir haben gemeinsam schon erfolgreich die Opernsängerin Anna Netrebko von den europäischen Bühnen gemobbt, lassen Sie uns weiterkämpfen. Wir müssen uns alle zusammen gegen die kulturelle Hegemonie des imperialistischen Aggressors wehren. Nicht umsonst hat die russische Führung ihren Angriff auf das Nachbarland zur Maßnahme zum Schutz der russischen Sprache und Kultur erklärt. Zwar haben Tschaikowskys Ballettstücke keinen Text, aber wir können uns schon denken, was dieser Nussknacker sagen würde, wenn er sprechen könnte. Vor diesem

Hintergrund ist ein Tschaikowsky-Boykott ein legitimes Mittel zur Verteidigung der liberalen Werte.«

Ich war selbst als Kind ein enthusiastischer Tschaikowsky-Verweigerer und habe mich über den Vorschlag der Ukrainer gefreut. Doch realistisch war der Plan nicht. Ich sah in der aktuellen Situation kaum Chancen für den Minister, dieses Weltkulturerbe abzuschütteln. Eher würde es den Ukrainern gelingen, alle russischen Raketen abzuschießen, die feindlichen Armeen zu verjagen und ihre Krim zurückzuerobern, bevor sie Tschaikowsky, diesen König der Ohrwürmer, von den Bühnen und aus den Köpfen bekamen. Da konnte keine Raketenabwehr helfen. In der sowjetischen Schule habe ich Tschaikowsky lange Zeit erfolgreich boykottiert, bis man uns als Schulklasse unter strenger Aufsicht des Sportlehrers zum Besuch des Balletts *Der Nussknacker* verdonnerte. Es war Ende Dezember, und ich glaube, die Tänzerinnen mussten in drei Schichten tanzen, damit alle Moskauer Schüler mit diesem Weltkulturerbe in Berührung kommen konnten. Wir saßen in der fünften Reihe im Parkett und konnten hören, wie die Spitzenschuhe der Tänzerinnen auf dem Boden quietschten. Das Theater glich einer Falle. Wir saßen in einem riesigen Zuschauerraum mit vielen Türen, die alle nach innen aufgingen. Jede Tür wurde von zwei Tanten in Uniform bewacht. Kaum waren wir drin, knallten sie die Türen hinter uns zu und schlossen uns mit dem Nussknacker ein.

Seit diesem Schulbesuch lebe ich mit Tschaikowsky. Ich bekomme den »Marsch der Zinnsoldaten«, diesen entsetzlichen Ohrwurm, nicht mehr aus dem Kopf. Interessanterweise ist nicht bei allen Jungs dieser Soldatenmarsch hängen geblieben, bei einigen war es der »Blumenwalzer«. Und unser Sportlehrer pfiff die ganze Zeit auf dem Rückweg den »Tanz der Zuckerfee«, woraufhin wir zu dem Schluss kamen, er sei schwul. Wir waren damals in Genderfragen konservativ geprägt und sehr naiv. Heute weiß ich, »Der Tanz der Zuckerfee« kann seinen Zauber über alle Gender hinweg entfalten, er trieb sogar meinen alten Kater Fjodor Dostojewski mehrmals in eine Wahnsinnspaarungslaune.

Bislang waren alle Versuche vergeblich, Pjotr Iljitsch Tschaikowsky, kurz Pitsch genannt, aus dem Verkehr zu ziehen. In Berlin war er bereits vor dem Krieg ein Problemkomponist. Das Berliner Staatsballett musste den *Nussknacker* schon einmal wegen der problematischen rassistischen Darstellung von Chinesen und Orientalen absetzen. Meine Mutter war darüber sehr erstaunt. In der sowjetischen Fassung des Balletts gab es nämlich weder Chinesen noch Orientalen, nur Arbeiter und Bauern, die vom Nussknacker gegen die kapitalistischen Ratten auf die Barrikaden geführt wurden.

Doch lange hat diese Absetzung nicht gehalten. Immerhin war Pitsch Russlands berühmtester Schwuler und hat allein schon deswegen die Herzen vieler Berliner auf seiner Seite.

Während das ukrainische Kulturministerium den Komponisten der Seite des Aggressors zuordnete, wurde er in Kreisen der geflüchteten russischen Kriegsgegner zur Ikone des Widerstandes. Sie posteten in sozialen Netzwerken permanent den Tanz der kleinen Schwäne aus seinem *Schwanensee*-Ballett, mit dem Kommentar »Wie lange noch« oder »Lust auf *Schwanensee*«. Diese Musik wurde nämlich früher in der Sowjetunion immer im Fernsehen gesendet, wenn ein Generalsekretär gestorben war. Noch vor der offiziellen Verkündung des Abgangs tanzten die traurigen Schwäne über die Bildschirme des Landes. Eine Zeit lang starben unsere Führer nacheinander wie die Fliegen, und es lief durchgehend *Schwanensee* auf allen Kanälen. In der neuen Situation wünschten sich viele den *Schwanensee* zurück als Zeichen der Hoffnung auf ein baldiges Ende des Krieges.

Pitsch wurde von beiden Seiten instrumentalisiert, dabei war der Gute vor 130 Jahren gestorben. Doch seine Musik schien alle zu überdauern, die russischen Imperialisten, die Kriegsgegner, die märchenbegeisterten Berliner und den ukrainischen Kulturminister. Die Raketen, mit denen die russische Armee auf die Ukraine schoss, konnten nicht wissen, in welcher Sprache sich die Menschen verständigten, die sie töteten, und welche Musik sie mochten, den »Tanz der Zuckerfee« oder den »Marsch der Zinnsoldaten«. Vielleicht mochten diese Menschen Tschaikowsky auch überhaupt nicht, sie wurden trotzdem umgebracht.

Auch meine Mutter boykottierte das Tschaikowsky-Embargo. Regelmäßig ging sie mit Freundinnen zu einem Tschaikowsky-Konzert irgendwo in der Stadt und ärgerte sich besonders bei chinesischen Dirigentinnen darüber, dass sie ihre Lieblingsmusik falsch interpretierten, sie zu laut und zu oberflächlich spielten. Ich hatte ihr zum 91. Geburtstag Karten für ein Tschaikowsky-Weihnachtskonzert geschenkt. Wer weiß, dachte ich, vielleicht wird er doch für eine Weile aus dem Programm genommen.

Mama hat kurz vor Weihnachten Geburtstag. Wie jedes Jahr wurde sie an ihrem Geburtstagstag in aller Frühe aus dem Bett geklingelt. Ein Bote der Bezirksverwaltung kam mit Geburtstagsgrüßen, einem Blumenstrauß und der obligatorischen Broschüre »Pankow für Senioren« mit unzähligen Angeboten für Mamas Freizeit. Mama liebte diese Broschüren, sie sammelte sie in einem extra Stapel auf ihrem Nachttisch. Ihnen zufolge hatten die Senioren in unserem Bezirk praktisch keine Freizeit, sie waren rund um die Uhr beschäftigt. Sie tanzten, klöppelten, lernten Fremdsprachen, machten einander Maniküre und trafen sich jeden Montag zum Malen, allerdings erst ab 14.00 Uhr. Früher konnten sie nicht anfangen, weil sie davor im Kundalini-Senioren-Yoga den Einklang zwischen ihrem wachen Geist und ihrem trainierten Körper suchten, und das konnte bei Senioren schon mal dauern.

Nicht schlecht, dachte meine Mutter, gar nicht schlecht.

Nach dem Studium der Broschüre bekam Mama regelmäßig Lust auf gemeinsame Aktivitäten und unterstrich mit Stiften verschiedener Farbe die Angebote, die für sie infrage kamen. Grün bedeutete, »sollte man auf jeden Fall tun«, blau hieß »vielleicht mal zur Probe vorbeischauen«, und rot war für »definitiv ohne mich«. Doch letzten Endes ging sie nirgendwohin, nur zu ihrem Tschaikowsky.

Auch zu Hause schaute sie sich bevorzugt Ballette an, besonders beliebt war *Schwanensee*. Die dünnen Ballerinen schwebten über die dunkle Bühne, wobei sie fast nichts anhatten. Ich zuckte jedes Mal zusammen, wenn ich sie sah. Es war kalt geworden in Berlin, und die nackten Ballerinen auf dem Bildschirm meiner Mutter sorgten für noch mehr Gänsehaut. Luftmassen aus dem Norden drückten eine Kaltfront nach Deutschland, die Temperaturen sanken unter null. Die Meteorologen schätzten die Wahrscheinlichkeit einer weißen Weihnacht auf dreißig Prozent. Doch diese Wahrscheinlichkeit war eine knifflige Sache, was bedeutete sie genau? Das wusste keiner. Die einen meinten, dreißig Prozent des Landes würden unter Schnee begraben, die anderen vermuteten, dreißig Prozent der Weihnachtszeit würde es Schnee geben, und die dritten glaubten, dass dreißig Prozent aller Meteorologen an den Schnee glaubten.

Wir fühlten uns von der Aussicht auf weiße Weihnachten bedroht. Hierzulande ist die Meinung verbreitet, Russen würden Schnee lieben. Das entspricht nicht der Wahrheit. Wir hatten in unserer Kindheit und Jugend viel zu viel davon. Meine Frau geht gar nicht aus dem Haus, wenn draußen alles weiß ist. Ihre Kindheit und Jugend hat sie auf Sachalin verbracht, einer Insel zwischen Japan und Sibirien, auf der ihre Eltern als Geologen arbeiteten. Das Meer dort war fast das ganze Jahr über zugefroren, das Eis fing erst im Juni langsam an zu schmelzen, und nur während zwei Monaten konnten Schiffe alles Notwendige für die Geologen und ihre Familien auf die Insel bringen. Im September wurde der Schiffsverkehr wieder eingestellt. Bis dahin schaffte man es aber nie, die Geschäfte komplett mit Waren aufzufüllen.

Alle auf der Insel lebenden Geologen, auch die Eltern meiner Frau, verdienten gutes Geld. Sie bekamen das Doppelte eines Durchschnittsgehalts plus Schlechtwetterzulage plus Gefahrenzulage, weil es auf der Insel regelmäßig Erdbeben gab. Sie konnten sich zu den reichsten Bürgern der Sowjetunion zählen. Doch sie konnten dieses Geld nicht ausgeben. Wegen der kurzen Phase, in der die Insel per Schiff erreichbar war, gab es dort so gut wie nichts zu kaufen. Das Einzige, was es im Überfluss und umsonst gab, war Schnee. Er fiel jeden Tag einfach so vom Himmel. Als Kind musste meine Frau durch eine Art Eistunnel zur Schule gehen. Die Schneeberge waren zu hoch, um sie mit dem Bagger beiseiteräumen zu können. Die Schüler schafften es in der Pause zwischen zwei Unterrichtsstunden, Schneemänner und Schneefrauen in Menschengröße zu bauen. Die Mädchen bauten sich Schneepuppen, die Jungs bauten Schneeburgen und veranstalteten Schneeballschlachten. Die Fußgänger begrüßten sich nicht mit »hallo« oder »guten Morgen«, sondern sagten: »Pass auf, Nase!« oder »Vorsicht, Wangen!«. Es passierte auf Sachalin nämlich schnell, dass einem Gesichtspartien einfroren, ohne dass man selbst es merkte. Doch andere sahen sofort, wenn jemand eine schneeweiße Nase hatte. Auf diese Weise angesprochen, blieben die Leute in der Regel stehen und rieben sich die erfrorenen Stellen im Gesicht mit Schnee ein.

Alle Erinnerungen meiner Frau an ihre Kindheit haben mit Schnee zu tun. Das Kindertanzkollektiv, in dem sie als Siebenjährige tanzen lernte, hieß Schneeflöckchen, das Restaurant, in dem die Familie ihre Feste feierte, hieß Der Eisbär und das Café gegenüber hieß Frost. Sie hatten dort allerdings sehr gutes Eis zu bieten. Ich glaube, jeder Mensch hat ein Trauma aus seiner Kindheit, das er sein Leben lang mit sich herumschleppt. Bei meiner Frau hat das natürlich mit Schnee zu tun.

Im Weihnachtsmärchen, das zum Ende des Jahres an ihrer Schule aufgeführt wurde, spielte meine Frau einen Fuchs. Der Fuchs war eine Nebenrolle fast ohne Text. Es ging um einen Interessenkonflikt: Der böse Wolf versuchte, den guten Kindern die Geschenke zu klauen, die unterm

Tannenbaum lagen. Der Fuchs war nur ein Mitläufer dieses Wolfs und sagte nur einen Satz: »Haha, unser Sieg ist unvermeidlich!«

Der böse Wolf wurde von Alexander gespielt, dem größten und dicksten Kind in der Klasse. Alexander wog mehr als die Klassenlehrerin und war zwei Köpfe größer als seine Mitschüler. Die guten Kinder in der Inszenierung, die den Tannenbaum bewachen sollten, machten sich Sorgen, ob sie gegen Alexander als Wolf auf der Bühne bestehen konnten. Deswegen beschlossen sie, dem Wolf noch vor seinem Auftritt vorsorglich hinter der Bühne den Garaus zu machen. Sie überfielen ihn hinterrücks, zerrten ihn nach draußen, warfen ihn in eine Schneegrube und verschlossen die Tür. Der Fuchs versuchte vergeblich, den Wolf aus dem Schnee zu ziehen, er war zu schwer. Also musste der Fuchs alleine den bösen Part übernehmen. Als im entscheidenden Moment der Vorhang aufging, war der Wolf nicht da, nur der kleine Fuchs wuselte mit schneeweißen Fingern unter dem Baum, zitterte und wiederholte mit knisternder Stimme: »Unser Sieg ist unvermeidlich.« Alle Eltern und Lehrer im Saal lachten.

Ihr Abitur feierte meine Frau Ende Juni am Ufer des zugefrorenen Meers. Gleich danach verließ sie die Insel und wollte nie wieder im Leben auch nur eine Schneeflocke sehen. Trotzdem bekommt sie jedes Jahr zur Weihnachtszeit schneeweiße Finger als Erinnerung an ihre Heimat. Wenn sie sich dann die Nägel knallrot lackiert, sieht sie so gefährlich aus wie die Schneekönigin, die gerade Kai und Gerda zum Frühstück vernascht hat.

Unsere Tochter lackierte sich gleich zu Beginn des Krieges die Nägel in den Farben der ukrainischen Flagge aus Solidarität mit der Ukraine. Die Vietnamesin, die sie im Nagelstudio bediente, fragte Nicole, ob sie aus der Ukraine stamme.

»Nein«, sagte Nicole, »aber meine Urgroßeltern kommen aus Odessa.«

Die Vietnamesin machte zwischen Großeltern und Urgroßeltern keinen Unterschied und fragte Nicole von da an jedes Mal, wenn sie an dem Laden vorbeiging: »Hey, wie geht es Oma und Opa?«

»Geht gut, danke der Nachfrage!«, antwortete meine Tochter. Sie hat die Nagelfarbe seitdem mehrmals gewechselt. Der Krieg war alt und hässlich, kein Mensch konnte ein Jahr lang dieselbe Nagelfarbe tragen. Als farbenfroher Mensch bemalte Nicole zu Hause auch ihre Möbel und Wände, bei der Arbeit fertigte sie mit Buntstiften krakelige Zeichnungen an. Sie hatte einen Job bei der freien Enzyklopädie Wikipedia und wurde dort als Telefonkraft in den alljährlichen Spendenaufruf einbezogen, der diesmal unter dem Motto »Nützlich für die Menschheit« stattfand. Im Rahmen ihrer Arbeit sollte sie am Telefontraining »Kundensupport für Spenden und Mitglieder« teilnehmen. Eine Fachkraft war extra vom mittelhessischen Gebirge nach

Berlin herabgestiegen, um den jungen Menschen beizubringen, wie sie am Telefon mit der Menschheit am besten klarkamen. Zu diesem Zweck wurde die Menschheit ähnlich wie Mamas Seniorenaktivitäten in vier Farben aufgeteilt:

Gelb war der kreative Typ, hilfsbereit, aber ein wenig verpeilt. Er grüßte am Telefon nicht förmlich, sondern kreativ, sagte »hallo« oder »Moin« und manchmal sogar »Grüß Gott«. Die Gelben wollten, dass alle sich wohl fühlten und machten ständig Witze. Das sollte aber die Supporter nicht verwirren. Die Gelben seien schon nett, man müsse sie bloß an die Hand nehmen und alles dreimal erzählen, weil sie einem nicht richtig zuhörten. Sie nickten zwar, vergaßen aber alles sofort wieder.

Die Blauen waren die Hilfsbereiten, die »Einen schönen guten Tag« sagten und auf der Straße sofort anhalten würden, wenn jemand eine Panne hatte. Sie riefen nur an, um zu helfen.

Die Grünen waren Autisten, die alles aufzählten und wiederholten: Mein Name ist so und so, ich habe dies und das gespendet und brauche nun eine Bescheinigung fürs Finanzamt, fürs Sozialamt, fürs Arbeits-, Gesundheits-, Ordnungs-, Süßes-und-Saures-Teufelsamt. Man musste Geduld mit ihnen haben.

Und dann gab es noch die Roten, die geborenen Chefs, die am Telefon statt einer Begrüßung »Hier Mayer« sagten. Das waren Menschen, die im Fahrstuhl fünfmal auf denselben Knopf drückten, bevor die Tür zuging. Man durfte ihnen nicht widersprechen, sonst rasteten sie sofort aus. Zu den Roten konnte man nicht sagen: »Darf ich helfen?«, und man durfte sich vor ihnen nicht entschuldigen. Stattdessen musste man sagen: »Herr Mayer, ich kann sehr gut nachvollziehen, dass Sie wütend sind.«

Je nachdem, welche Farbe die Person am anderen Ende hatte, musste der Supporter seine Sprache und seine Haltung ändern. Doch wie erkannte man, zu welcher Farbe die anrufende Person gehörte? Dafür benutzte die Trainerin aus dem Taunus ein Beispielszenario aus der Natur. »Stellen Sie sich vor«, sagte sie, »eine Gruppe von Leuten geht durch den Wald und bleibt plötzlich vor einem umgefallenen Baum stehen. Wie würden die unterschiedlich gefärbten Personen reagieren?« Die Teilnehmer wurden in Gruppen aufgeteilt und mussten die verschiedenen Rollen übernehmen.

Am Abend vor Weihnachten schlief ich vor dem Fernseher ein. Ich träumte von Tschaikowskys Ballett, vom *Nussknacker*. Zu einer wunderschönen Musik führte der Nussknacker eine Gruppe von Zinnsoldaten durch den Wald. Sie waren alle unterschiedlich gefärbt. Der Blaue half allen über einen umgestürzten Baumstamm, der Gelbe machte Witze darüber, der Grüne fragte, wieso hier ein Baum läge? Wem nütze das? Wer sei schuld? Und der Rote rastete aus.

# 89 Sekunden vor dem Weltuntergang

## *Prinzen, Helden, Soldaten*

Überproduktion ist ein wesentliches Problem des entwickelten Kapitalismus. Es gehört quasi dazu, dass neben wirklich nützlichen Dingen auch jede Menge Unsinn produziert und auf dem freien Markt flanieren geht, in der Hoffnung, früher oder später einen Interessenten zu finden. Auch auf dem Nachrichtenmarkt war das Überangebot an Informationen zu nichts zu gebrauchen. Es konnten längst nicht alle Ereignisse, die stündlich auf der Welt passierten, von den Medien zu anständigen Nachrichten verarbeitet werden. Deswegen wurden Nachrichten auf Bestellung produziert, gemäß den Interessen der jeweiligen Kunden. Diese Interessen wurden anhand des Kaufverhaltens der Kunden von klugen Algorithmen erforscht, die daraus eine auf die jeweilige Person angepasste Nachrichten-Blase zusammenschnürten. Auf dieser Weise sollte jeder von uns wie Putin nur das erfahren, was er wissen wollte.

Doch meine Blase hatte augenscheinlich zum Ende des Jahres ein Leck bekommen. Sie schien nicht mehr rund zu sein. Meine Nachrichtenwelt versank im Chaos, als wäre die Erdkugel auseinandergefallen und hätte sich in tausend kleine Kügelchen geteilt, die sich nun alle mit wachsender Geschwindigkeit aneinander vorbeidrehten, sinnlos und wild. Ein ganzes Jahr hatte ich in meiner Nachrichtenwelt neben dem Bundeskanzler und dem ukrainischen Präsidenten nur noch einen News-Maker, das war der Wendler mit seiner Laura. Aber plötzlich begann der Algorithmus zu spinnen und servierte mir jeden Tag einen neuen Helden. Mal war es ein Tatortdarsteller, mal ein Handballtrainer, mal ein alter Prinz, der mitten in Deutschland einen großen Wald kaufen und dort zusammen mit Reichsbürgern ein eigenes Königreich errichten wollte.

Der Prinz, der hauptberuflich als Immobilienunternehmer in Frankfurt tätig war, tat mir leid. Er wurde von den Zeitungen mit dem Spitznamen »Terrorprinz« verhöhnt. Laut Zeitungsberichten sollte seine Terrorprinzessin eine russische Staatsbürgerin sein, die ebenfalls die Reichsbürger unterstützte und den Prinzen anstachelte, die Macht in Deutschland zu übernehmen. Die Zeitungen witterten die Hand Moskaus hinter der Prinzessin. Ich konnte mir jedoch vorstellen, dass sie auf eigene Faust gehandelt und den Prinzen als private Beute betrachtet hatte. Das war bei russischen Terrorprinzessinnen so üblich. Sie stachelten ihre Prinzen ständig zu unüberlegten Taten an. Wäre die Russin nicht gewesen, hätte der Prinz in vollkommener Sicherheit und bis ans Ende seiner Tage in Ruhe Immobilien verkaufen und in der

Freizeit beim Reichsbürger-Stammtisch in seiner Lieblingskneipe Ministerposten an seine Mittrinker verteilen können.

Doch die Prinzessin hatte sich an ihm festgeklebt wie das Lindenblatt an Siegfrieds Rücken. Er solle jetzt sofort die Macht in Deutschland an sich reißen. Vielleicht hatte sie ihrem Prinzen die Unterstützung der russischen Armee zugesichert, die schon einmal den Reichstag gestürmt hatte. Und der Prinz fiel leichtsinnig darauf herein. Er war davon ausgegangen, in einem deutschen Märchen zu leben, wo die Prinzen immer die Oberhand behielten. Aber anders als in deutschen Märchen wurden in russischen die Prinzen von ihren Prinzessinnen ständig getäuscht und übergangen. Das hatte er nicht wissen können.

Außer über den Prinzen berichteten die deutschen Medien auch über den Vatikan, wo eine wundersame Päpste-Vermehrung stattgefunden hatte. Es gab dort ausnahmsweise zwei Päpste gleichzeitig, einen lebenden und einen toten, zwei rechte Hände Gottes auf Erden, wobei die eine Hand die andere ins Jenseits verabschiedete. Außerdem gab es Neues von der Verteidigungsministerin, die in einem Video erzählte, dass mitten in Europa Krieg tobe und sie bei diesem Krieg viele großartige interessante Menschen kennengelernt habe. Die Aussage war so weit in Ordnung. Blöd fanden viele, dass sie dieses Video in der Silvesternacht in Berlin aufgenommen hatte, mit der Böllerknallerei im Hintergrund. So könne der Eindruck entstehen, der

Krieg werde in diesem Video mit einem Silvesterfeuerwerk gleichgesetzt. Daraufhin wurde die Verteidigungsministerin von der empörten Opposition zum Rücktritt aufgefordert.

Viel mehr war in Deutschland nicht los. Nur ab und zu kreiste über diesen Nachrichten-Bubbles das ewig grüßende Murmeltier der deutschen Medienwelt, der »Tennisstar Boris Becker«, der wegen Steuerhinterziehung hinter Gitter gekommen war und nun nach seiner Haftentlassung in Afrika Safari-Urlaub machte.

Diese skurrile Brigade aus Prinzen, Päpsten und Ministern produzierte unaufhörlich Neuigkeiten, unzusammenhängende Ereignisse, die als Nachrichten präsentiert wurden. Sie gaben ein verzerrtes Bild der Realität ab. Irgendetwas stimmte hier nicht. Konnte es sein, dass mir die wahren Nachrichten vorenthalten wurden?, überlegte ich. Ich hatte schon öfter das Gefühl gehabt, die künstliche Intelligenz in meinem Computer habe beschlossen, im Jahr des Hasen meine Verdummung zu beschleunigen. Sie verweigerte mir den Zugang zu den wahren Nachrichten und ersetzte sie mit diesen merkwürdigen Geschichten. Und jedes Mal, wenn ich »wahre Nachrichten« eingoogelte, bekam ich Links zur *Abendschau* und zur Homepage von *Der Postillon*.

Das ganze Weltgeschehen, das Google für mich im neuen Jahr kreierte, diese Mischung aus toten Geistlichen, kaputten deutschen Panzern, immobilienberatenden Prinzen, auf Bäume kletternden Klimaaktivisten und Boris

Becker auf Urlaub wollte suggerieren, es sei auf unserem kleinen Planeten nichts los. Das Ganze wurde mir selbstverständlich unter der Überschrift »deine Nachrichten« präsentiert, »empfohlen aufgrund deiner Interessen und früheren Aktivitäten«. Verwechselte mich die künstliche Intelligenz möglicherweise mit meinem Nachbarn, weil sich seine Geräte ab und zu versehentlich an mein WLAN ohne Passwort anschlossen? Der Nachbar war ursprünglich aus Bayern nach Berlin gekommen, er könnte also den verstorbenen Papst persönlich gekannt haben. Und er war ein begeisterter Sportliebhaber. Ihm war der komische »Tennisstar Boris Becker« sicher ans Herz gewachsen.

Wenn es sich aber nicht um eine Verwechslung handelte, hätte ich gern gewusst, nach welchen Kriterien die Weltnachrichten für mich ausgesucht wurden. Welche »früheren Aktivitäten« hatten den Algorithmus veranlasst, mich mit den Leidensgeschichten all dieser mir unbekannten Menschen zu konfrontieren? Mein Shoppingverhalten konnte es kaum sein. Ich kaufte sehr selten online, letztes Jahr waren es lediglich ein Kopfhörer, ein Katzenkalender und ein neuer ausklappbarer Gehstock für Mama gewesen, weil sie ihren alten beim Einkaufen an der Kasse im Supermarkt vergessen und erst am nächsten Tag bemerkt hatte, dass sie ohne Stock herumlief. Hatten etwa der Papst und der Tennisstar Boris Becker einen Lizenzvertrag mit Gehstockproduzenten unterschrieben, damit sie mit allen Gehstockkäufern intime

Details über ihr Leben, ihren Tod und ihren Urlaub teilen konnten? Beinahe wehmütig dachte ich an das alte vergangene Jahr, als anstelle dieser ganzen Bande auf meiner Nachrichtenseite nur der Wendler und seine Laura knutschten und Lauterbach seine neue Omikron-Kastanie präsentierte.

Meine zweite Nachrichtenquelle jenseits des deutschen Mainstreams waren die russischen Nachrichten. Die gab es inzwischen doppelt, einmal aus Russland selbst und einmal aus dem Ausland, in dem sich inzwischen ein eigenes, kriegsverweigerndes Russland etabliert hatte und beinahe stündlich größer wurde. Beide Russlands schienen von der neuen Realität etwas überrollt und aufeinander nicht gut zu sprechen zu sein. Niemand hatte damit gerechnet, dass eine langweilige, korrupte Autokratie sich so schnell, quasi über Nacht, in eine blutrünstige, Krieg führende Diktatur verwandeln konnte. Angst vor einer neuen Mobilmachung und vor der Gewalttätigkeit des Regimes im Inneren füllten das neue ausgelagerte Russland mit immer neuen Einwohnern auf. Zu Beginn des Krieges waren es hauptsächlich Geflüchtete aus der Ukraine, die auf der Straße laut Russisch sprachen. Inzwischen waren nicht wenige russische Migranten dazugekommen.

Die in Russland Verbliebenen schimpften über die Auswanderer. Sie wurden als Vaterlandsverräter verflucht, und im russischen Parlament wurden Forderungen laut, allen, die ihre Heimat nicht verteidigen wollten, solle man die Staatsangehörigkeit entziehen und müsse sie außerdem enteignen.

In der offiziellen Version führte Russland nach wie vor keinen Angriffskrieg, sondern verteidigte sich gegen den hinterhältigen Westen. Die Tatsache, dass diese Verteidigung auf dem Territorium des Nachbarlandes stattfand, wurde ausgeblendet. Die Abtrünnigen schimpften währenddessen über ihre Heimat und ihre patriotisch gesinnten Mitbürger. »Wir erkennen unser Land nicht wieder«, seufzten sie.

Beide Seiten waren sich aber einig, der Krieg in der Ukraine sei das historische Ereignis, das den Lebenslauf mehrerer Generationen nachhaltig beeinflussen werde. So, wie der Fall der Berliner Mauer allen Ostdeutschen zwei Leben beschert hatte, eines davor und eines danach, werde es auch bei den Russen sein, ganz egal, wann und wie dieser Krieg zu Ende ging. »Die Welt wird nie wieder sein wie früher« titelten die russischen Zeitungen. In ihren Nachrichten wurden täglich Städte bombardiert, Dörfer gestürmt und Söldner umgebracht.

In der deutschen Auswahl relevanter Schlagzeilen starben Menschen, wenn überhaupt, eines natürlichen Todes. Während die russischen Medien von mehreren Hundert Toten täglich berichteten, stand auf der deutschen Nachrichtenseite »Parfümdieb schlägt Kaufhausdetektiv«. Ich war gespannt, was wohl morgen kommen würde. Würde der Kaufhausdetektiv zurückschlagen?

War der Tageszähler vielleicht kaputt und das neue Jahr gar nicht neu? Es schien nur die Fortsetzung des alten zu sein, als wäre 2022 in die Verlängerung gegangen. Hoffentlich kam es nicht zum Elfmeterschießen. Die neuen Probleme waren die alten: Klimawandel, Krieg und Seuche waren mit uns ins neue Jahr hinübergerutscht. Kaum hatte der Hauptvirologe des Landes behauptet, die Pandemie sei vorbei, erkrankten in meiner Umgebung jede Menge Menschen an Corona. Zwei lange Jahre hatten sie sich getestet, Masken getragen und geimpft, und nie war etwas passiert. Aber als hätten sie nur darauf gewartet, dass der Hauptvirologe die Pandemie für beendet erklärte, hatten nun auf einmal alle die Kastanie. Sie waren so positiv, als wollten sie dem Hauptvirologen eins auswischen, ihm zeigen, dass er unmöglich recht gehabt haben konnte.

Zum Glück hatte der Gesundheitsminister mit einem fachlichen Rat den Weg aus der Pandemie gezeigt: Ein Glas Wein am Tag, sagte der Minister, sei absolut in Ordnung und gut fürs Herz. Er hatte ja nicht gesagt, wie groß das Glas sein durfte. Es war die erste gute Nachricht im neuen Jahr. Nicht dass wir es vorher nicht gewusst hätten, aber eine Bestätigung aus Regierungskreisen zu bekommen, war trotzdem nicht verkehrt. Es beruhigte die Nation. Meine deutschen Freunde, selbst meine Kinder waren genervt von den Kriegsgesprächen.

»Wir haben genug von deiner Militärexpertise«, sagten sie. »Kannst du nicht über etwas anderes reden? Erzähl uns lieber, was Becker in Afrika macht!«

Der Krieg im Osten verwandelte sich allmählich in eine gewöhnliche Maschinerie des Todes. Die Propagandamedien Russlands bemühten sich, den Krieg zu rechtfertigen und taten alles, um die Menschen bei Laune zu halten. Das russische Programm in Mamas Fernseher tanzte nur noch und sang so laut und übertrieben gut gelaunt, als würden sie Satans Geburtstag in der Hölle feiern. Die Sendungen hießen dementsprechend: *Die Zeit wird es zeigen*, *Wer hat was dagegen?*, *Der Teufelsaustreiber*, *Die russische DNA*, *Gemeinsam mit dem ganzen Land in der Küche singen* und *Du bist super!*

Statt einer Neujahrsrede gab es einen Auftritt des russischen Präsidenten mit verkleideten Pseudo-Soldaten im Hintergrund, in dem Putin den Krieg mit dem Hinweis rechtfertigte, die Bürger hätten sowieso alle irgendwann sterben müssen. Dann schon lieber früher als später. Warum früher sterben besser sein sollte, erklärte er nicht. Er war davon ausgegangen, die Menschen würden seine Meinung teilen. Doch die Bereitschaft zu sterben, hielt sich in der Bevölkerung in Grenzen. Bei diesem Krieg ohne Ziel und ohne Verstand, bei dem jeder eine eigene Vorstellung von Sieg und Niederlage hatte, war es für Propagandisten ausgesprochen schwierig, die Menschen von der Notwendigkeit zu überzeugen, ihr Leben ausgerechnet für irgendein Dorf hinzugeben, in dem sie niemals waren und das sie auf der Karte des Nachbarlandes niemals ohne fremde Hilfe gefunden hätten. Deswegen hatte der Kreml bereits im ersten Kriegsjahr mit Mobilmachung bis zum Schluss gezögert. Es war offiziell auch nur eine Teilmobilmachung, bei der nur ein Prozent der Männer im wehrpflichtigen Alter eingezogen werden sollte. Im Fernsehen lief daraufhin wochenlang vom Staat geschaltete Werbung, die den Zweck hatte, der Bevölkerung zu demonstrieren, wie wenig ein Prozent eigentlich war. Ein Prozent von einer Schokoladentafel wurde gezeigt, ein Prozent von einer Kerze. »Ein Prozent weniger Wasser in einem Glas macht es nicht weniger voll«, lautete der Slogan. Außerdem wurde das alte Genderklischee ins Feld geführt, wonach ein richtiger Mann sich nicht taub stellen konnte, wenn die Heimat rief. Er musste mit der Waffe in der Hand zur Stelle sein und durfte die Befehle seines Vorgesetzten nicht hinterfragen. Viele waren trotzdem skeptisch und suchten einen Grenzübergang. Niemand wollte zu diesem einen Prozent gehören. Das Leben war keine Schokolade und keine Kerze. Kerzen und Schokolade konnte man im Notfall neu kaufen, das Leben nicht.

Mitte Januar wurden Gerüchte laut, das zweite Prozent solle demnächst warme Unterwäsche einpacken, die Grenzen für Männer im wehrpflichtigen Alter würden bald geschlossen. Die Regierung bereitete sich auf einen langen Krieg vor, sie hatten bestimmt schon die passende neue Werbung auf Vorrat produziert, die zeigte, wie wenig zwei, drei oder vier Prozent waren.

Besonderes Augenmerk wurde auf patriotische Erziehung gelegt. Die Lehrer sollten zur »Stunde der patriotischen Erziehung« Veteranen, alte Kriegshelden, in ihre Schulen einladen, damit sie den Kindern am eigenen Beispiel erzählten, wofür es sich lohnte, sein Leben zu riskieren. Veteranen waren aber rar und schwer aufzutreiben. Am liebsten hätten die Lehrer natürlich einen richtigen Kriegsveteranen aus dem Zweiten Weltkrieg präsentiert, aber die gab es kaum noch. Die letzten lebenden Exemplare wurden wie Goldstaub herumgereicht. Von den sogenannten »Afghanen« gab es hingegen jede Menge. So nannten sich die Veteranen der sowjetischen Okkupation in Afghanistan. Doch ihr Status als Kriegsveteranen war noch nicht bestätigt. Als die Sowjetunion kippte, wurde die Okkupation Afghanistans von der russischen Volksversammlung als »politisch motivierter Krieg« und »Fehlentscheidung« bezeichnet. Deswegen hatten die Veteranen dieses Krieges nicht dieselben Rechte wie ihre Vorgänger und wurden nicht als Helden, sondern als Fehlveteranen, als Kollateralschaden dieser Fehlentscheidung, behandelt. Mehrmals hatten die »Afghanen« versucht, dagegen zu klagen. Jedes Mal vergeblich. Die Veteranen der beiden Tschetschenienkriege waren auch nicht wirklich dafür geeignet, in den Schulen die Stunde des Patrioten abzuhalten, weil ihre Einsätze nicht im Ausland, sondern mitten auf russischem Territorium stattgefunden hatten. Es hatte sich also um eine Art Bürgerkriege gehandelt.

Der Krieg in der Ukraine passte dagegen perfekt zum Unterricht. Vor allem Knastinsassen, die ihre Haftstrafen als Söldner an der Front abarbeiten durften, wurden oft und gerne in die Schulen eingeladen. Vorausgesetzt, sie kamen heil von der Front zurück. Diese Menschen, die noch vor Kurzem als Mörder und Banditen hinter Gittern gesessen hatten, verkörperten jetzt den neuen Heldentypus, einen ehrenwerten Räuber, einen wahren Robin Hood, der früher aus Egoismus gehandelt und nur zum Eigennutz gemordet und geraubt hatte, jetzt aber dasselbe auf Wunsch des Präsidenten und seiner Heimat zuliebe tun durfte. Plötzlich erhielt sein Leben, das gerade noch von ebendiesem Staat für sinnlos und misslungen gehalten wurde, eine neue höhere Bedeutung.

Die Aufwertung der Knackis sollte den Schülern den Weg in die Zukunft zeigen. Der Krieg machte es möglich, den Tod, die Krone der Sinnlosigkeit, als etwas Sinnvolles und Ehrenhaftes, als legitimes und von der Gesellschaft anerkanntes Ziel gutzuheißen. Lehrer und Schuldirektoren, die sich weigerten, diese Sträflinge zur Stunde des Patrioten einzuladen, wurden der Schule verwiesen. Oft wurden sie sogar von den Eltern der Kinder denunziert.

Die Maschinerie des staatlich verordneten Todes arbeitete unaufhaltsam Tag und Nacht. Sie verwandelte wie am Fließband jeden Bürger in einen Verbrecher, den Verbrecher in einen Soldaten, den Soldaten in einen Helden und den Helden in eine Leiche. Schnell und günstig.

## 88 Sekunden vor dem Weltuntergang

### *Der Preis des Glücks*

Eine alte chinesische Weisheit besagt: Unglücklich sind diejenigen, die anderen unbedingt zeigen wollen, was sie alles können. »Nur der Vogel, der vorne fliegt, wird abgeschossen«, sagen die Chinesen. Meine Erfahrung ist eine andere. Viele fühlen sich gerade dann glücklich, wenn sie einmal Vernunft gegen Blödsinn eintauschen. Oft können sie im Nachhinein weder sich selbst noch anderen erklären, welcher Teufel sie geritten hat. Viele geben die Schuld am Geschehen gemeinerweise ihrer inneren Stimme, die bekanntermaßen ein gefährlicher Ratgeber ist.

Ein Freund von mir hat neulich mit seinen Töchtern eine Erlebniswelt in Duisburg besucht und wurde dort mit einem Erdbebensimulator konfrontiert. Bei der Attraktion »Kalifornien« durften Kinder und Erwachsene auf eine Platte springen, wobei ein Seismograf die Wucht des Sprunges entsprechend den Werten der Richterskala gemessen hat. Die Kinder, leicht wie Federn, sprangen hin und her, aber der letzte Rekord mit einem Wert von 4,7, wahrscheinlich von einem heroischen übergewichtigen Vater vollbracht, war seit einer Woche ungebrochen. »Was für ein Idiot«, dachte mein Freund und stellte sich den übergewichtigen Vater vor, der mit seinen läppischen 4,7 Punkten auf der Richterskala nicht einmal das Erdbeben in der Türkei nachahmen konnte.

Kinder brauchen bekannterweise Jahre, um erwachsen zu werden, in umgekehrte Richtung geht es aber schon nach zwei Bier. Und plötzlich ertönte eine innere Stimme im Kopf meines Freundes. »Komm«, sagte diese Stimme, »da geht noch was.« Nach mehreren misslungenen Versuchen, das Erdbeben in der Türkei zu übertrumpfen, wollten die Töchter ihren Vater schon nach Hause schleppen, doch mein Freund war von der Attraktion »Kalifornien« nicht wegzubringen. Er war zur Geisel seiner inneren Stimme geworden, nahm Anlauf, sprang in einem hohen Bogen, knallte mit voller Wucht auf die Platte und musste mit einem Erdbeben der Stärke 5,4, einer Gehirnerschütterung und einem gebrochenen Fersenbein ins Krankenhaus gefahren werden. Aber er war glücklich. Das Glück kann manchmal schmerzlich sein, es kommt oft auf unergründlichen Wegen zu den Menschen.

Seit zehn Jahren lese ich zum Thema Glück den »World Happiness Report« des Gallup Instituts. Das führende Meinungsforschungsinstitut des Planeten hat sich der Aufgabe verschrieben, das Menschenglück in 146 Ländern regelmäßig zu messen. An den Kriterien, woran sich Glück messen lässt, wird ständig gefeilt, es ist längst nicht das Geld allein und auch nicht die Lebenserwartung. Die Wissenschaftler sind nicht dumm, sie wissen inzwischen, dass Wohlstand nicht reicht, um glücklich zu sein. Und hundert Jahre zu leben nützt einem wenig, wenn man in einer kleinen Küche eingesperrt ist. Manchmal spielt auch die Größe der Küche keine Rolle, sondern die Frage, wer neben einem sitzt. Außerdem ist Glück eine flüchtige Materie, man kann sie nicht auf Vorrat tanken. Und was einen heute glücklich macht, kann einem schon morgen zum Verhängnis werden.

Zurzeit setzen Meinungsforscher vor allem auf Selbstbestimmung, innere Harmonie und Balance. Sie sollen beim Glücklichsein eine wichtige Rolle spielen. Mittels aufwendiger Untersuchungen müssen die Teilnehmer Jahr für Jahr auf mehr als hundert Fragen antworten und dabei ähnlich wie auf einer Richterskala von 0 bis 10 ihre Punkte vergeben und ihre Lebenssituation einschätzen. Zum zehnjährigen Bestehen des Reports hat das Institut eine Jubiläumsausgabe für das Jahr 2022 veröffentlicht, das Jahr der Krisen, der Pandemie und des Krieges. Doch an der Spitze der Tabelle und an ihrem Ende hatte sich nichts geändert. Das glücklichste Land der Welt war nach wie vor Finnland, wie angeklebt, gefolgt von Dänemark, Island und der Schweiz. Daran war nicht zu rütteln. Es schien eine angeborene Fähigkeit der Finnen zu sein, sich in jeder Situation glücklich zu schätzen. Denn egal, wie schlimm es einem geht, mit ein wenig Fantasie kann man sich immer die noch schlimmere Variante vorstellen. Sollte Finnland infolge des Klimawandels gänzlich unter Wasser geraten, würden die Finnen mit Sicherheit problemlos und schnell zu den glücklichsten Fischen des Ozeans aufsteigen. Ich bin oft in Finnland gewesen und kann das nur bestätigen: Finnen sind wie Katzen, sehr ausgeglichen. Sie lassen sich von anderen nicht provozieren und auch nichts einreden. Finnen wollen keine Rekorde brechen, keine Erdbeben verursachen, sie sind mit sich und der Welt zufrieden und akzeptieren die Dinge, wie sie sind.

Natürlich gibt es auch in Finnland immer einen Grund zu meckern. Der Mensch ist unvollkommen, das Leben rutschig und schnell vorbei. Politiker haben eine große Klappe und versprechen einem das Gelbe vom Ei, sind aber plötzlich abgetaucht, wenn man sie daran erinnern möchte. Die sogenannte Prominenz, die sprechenden Köpfe der Gesellschaft, all die Prinzen, Artisten und Klimaaktivisten, die permanent die Aufmerksamkeit der Medien auf sich ziehen, sind auch nicht die hellsten Kerzen auf der Torte. Die Welt ist kein Kuchen, sie mag es nicht, wenn man sich ständig Stücke aus ihr herausschneidet. Es muss nicht immer die Sonne scheinen, mal regnet es, und mal schneit es. »Es hat keinen Sinn, sich über Regen zu ärgern, denn wenn man sich ärgert, regnet es trotzdem.« Angeblich stammt diese Erkenntnis von einem Finnen.

Finnen sind cool, sie haben keinen Grund, traurig zu sein. Und für den Fall der Fälle besitzen sie perfekte Rückzugsräume, in denen man seine Traurigkeit gut überstehen kann: die Sauna und die Kneipe. Dort ist die Welt immer in Ordnung. Deswegen wird keine Wirtschaftskrise, keine Klimakrise, kein Virus und kein Krieg die Finnen von Platz 1 der Glückstabelle verdrängen können, solange das Wasser im Finnischen Meerbusen kalt bleibt und das wundersame Elixier, ihr berühmter Lakritzschnaps mit dem unaussprechlichen Namen Koskenkorva Salmiakki, seine heilende Wirkung entfaltet. Den trinken die Finnen wahlweise entweder abends mit Bier oder vormittags mit Schokolade, manchmal auch pur. Allein schon diese Vielfalt der Verwendung muss die anderen Völker auf das finnische Glück neidisch machen.

In Deutschland gibt es, soweit ich weiß, kein solches Getränk. Trotzdem belegten die Deutschen in der Glückstabelle den sicheren Platz 14. Getreu der alten chinesischen Weisheit wollen sie nicht ganz vorne fliegen, um nicht übermäßig Neid zu provozieren, aber ganz hinten möchten sie auch nicht sein. Zu viel Mitleid kann schließlich ebenfalls Schaden anrichten. Die Deutschen müssen nicht in der ersten Klasse dieses Glückszugs fahren, in der zweiten ist es ihnen aber auch zu eng. Am liebsten sitzen sie genau dazwischen, im Speisewagen mit einem großen Bier vom Fass, knapp hinter Österreich, aber immerhin glücklicher als die Franzosen, die sich in der letzten Zeit zu viele Sorgen machten. Auch die Schlusslichter in der Tabelle waren die üblichen Verdächtigen: Botswana, Afghanistan und Libanon. Ein Besuch dieser Länder könnte Europas Depressive wahrscheinlich heilen.

In der Mitte der Tabelle hatte der Krieg erstaunlich viel Bewegung verursacht. Auf einmal wurden die ehemaligen Republiken der Sowjetunion immer glücklicher, je besser die Ukrainer kämpften. Die Ukraine selbst war trotz kaputter Stromnetze und Flüchtlingswellen, trotz großer Kriegsschäden 12 Punkte nach oben gesprungen, Turkmenistan hatte 19 Punkte zugelegt, und sogar Belarus mit seinem nicht kaputt zu kriegenden Diktator bekam zehn Punkte dazu, während die russische Föderation immer weiter ins Unglück abrutschte, inzwischen auf Platz 80.

Was war passiert? Hatten die Russen von ihrem Krieg etwa die Nase voll? Hatten sie womöglich der Wahrheit ins Auge geblickt? Wollten sie nicht schon längst einen großen Sieg gefeiert und die Sache aus der Welt geschafft haben? Zum einjährigen Jubiläum des Krieges wurden im Kreml Erfolgsmeldungen erwartet, die neue Offensive sollte die ukrainische Armee weiter nach Westen verdrängen. Der Führer hatte alle Gefängnisse leer begnadigt, alles Geld aus der Staatskasse und aus den Taschen seiner Freunde genommen, um den Sieg zu finanzieren. 20 000 Geschosse pro Tag hatten die Ostukraine in eine Mondlandschaft verwandelt. Aber der Sieg wollte einfach nicht eintreten.

Wahrscheinlich war der Sieg eine ebenso flüchtige Substanz wie das Glück. Man konnte es nicht festhalten. Aber immerhin war es den Knackis gelungen, Soledar zu besetzen, ein ukrainisches Dorf, in dem vor dem Krieg nicht einmal 10 000 Einwohner gelebt hatten. Nach Berichten von Augenzeugen mussten die Kämpfe um Soledar die Hölle auf Erden gewesen sein. Wie viele Tausende Menschen mussten ihr Leben lassen, um einen Ort zu besetzen, an dem in absehbarer Zeit niemand leben würde?

Ich kannte diese Stadt von den Salzpackungen meiner Kindheit, ihr Name lässt sich als »Salzgrube« übersetzen. Von Soledar aus wurde zu Sowjetzeiten Salz in die ganze Sowjetunion transportiert. In meiner Heimat waren alle Lebensmittelangebote ein wenig merkwürdig, so konnte man beispielsweise Salz nur in Kilopackungen kaufen. Das Salz war ziemlich grob, und die Verpackung zerbröselte einem in den Händen. Die dünne Verpackungspappe hielt nicht einmal die kurze Strecke vom Laden bis nach Hause durch. Immer wieder schimpfte meine Mutter über das verschüttete Salz. Wir mussten es gleich nach dem Einkauf in einen speziellen großen Behälter umlagern. Laut einem russischen Aberglauben darf man Salz nämlich nicht verschütten, das würde einen Streit in der Familie nach sich ziehen. Ein anderer Aberglaube besagt, man solle immer viel Salz im Haus haben, das würde die finanzielle Lage der Familie verbessern. Sollte das Salz in der Küche jemals ausgehen, wäre auch das Geld bald alle. »Streu dein Salz nicht auf meine Wunden, wir können über alles reden«, sang eine tiefe Baritonstimme im sowjetischen Radio.

Salz hatte für die Menschheit schon immer eine mythische Bedeutung. Nicht umsonst wird es sogar in der Bibel genannt, Zucker hingegen nicht. Ging es den Russen in diesem Krieg möglicherweise um das Salz? Das Salz der Erde? Warum haben sie das nicht gleich gesagt? Nun haben sie zu viel davon verschüttet, und es wird einen lang andauernden riesigen Streit zwischen den verwandten Völkern geben. Obwohl – es kommt darauf an, wo sie aufeinandertreffen. Wenn sie einander in Berlin über den Weg laufen, dann könnte es friedlich bleiben.

## 87 Sekunden vor dem Weltuntergang

### *Friedenspflaster Berlin*

Berlin wirkt wie ein Friedenspflaster auf dem überhitzten Gemüt der Menschheit. Allein auf unserer kleinen Straße gelingt es Vertretern der unterschiedlichsten Völker aus etlichen Brennpunkten dieser Erde, friedlich neben- und miteinander zu existieren. In ihrer Heimat führen sie gegeneinander Krieg: Inder und Pakistani, Türken und Kurden, Juden und Araber, Russen und Ukrainer. Bei uns brennt es nur an Silvester. Und selbst in dieser unruhigen Jahreszeit werden die Knaller sozialgerecht und genderneutral allen Bevölkerungsgruppen gleichmäßig vor die Füße geworfen, unabhängig von ihrem Glauben, ihren sexuellen Vorlieben oder ihrem Herkunftsland. Gleich nach Heiligabend beginnt die Knallerei und dauert je nach Bezirk mal länger und mal kürzer, aber höchstens bis zum 3. Januar. Danach herrscht wieder Frieden.

Warum funktioniert das in Berlin und anderswo nicht? Ist diese Stadt eine Art Friedenselixier, das alles Geschehene vergessen lässt und jedem die Möglichkeit gibt, das Leben neu anzufangen? So sieht die Stadt der Zukunft für mich aus: Hier blühen unzählige verschiedene Blumen, ohne einander das Wasser abzugraben, und sämtliche Kulturen bereichern einander, ohne sich auf den Geist zu gehen. Zum Ende des Jahres drehen plötzlich alle durch, schmeißen mit Feuerwerkskörpern um sich, ein paar Autos brennen ab, der eine oder andere bekommt was aufs Maul, die Polizei ist einsatzkräftig unterwegs, aber nur für drei Tage, und dann ist bis Mai wieder Ruhe im Karton.

Berlin kommt meinem Traum ziemlich nah. Ähnlich wie im Kommunismus wird hier von den Bürgern nichts verlangt, und es wird ihnen auch nichts gegeben. Das vorhandene Nichts wird also gerecht geteilt. Dasselbe gilt in Sachen Geschlechtergerechtigkeit. Auch hier kann Berlin einen enormen Fortschritt verzeichnen. Die deutsche Hauptstadt war eigentlich schon immer genderneutral. Die meisten Gestalten, die in der Stadt unterwegs sind, passen nicht in die gängigen Genderklischees von Mann und Frau. Besonders im Winter, wenn es draußen kalt und regnerisch ist, sehen die meisten Einwohner und Einwohnerinnen wie formlose Pakete aus, die nicht zugestellt oder zurückgegeben werden müssen, liebevoll verpackt, eingerollt in unzählige, nicht definierbare Kleidungsstücke.

Meine Mutter, die in Sachen Gendererkennung noch immer auf die simplen optischen Signale des vorigen Jahrhunderts zurückgriff und alle Personen, die ihr im Supermarkt, im Café oder auf der Straße begegneten, in zwei hoffnungslos veraltete sozialkonstruierte Identitäten M oder F einzuordnen versuchte, tippte ständig daneben. Sie tippte sogar im Schwimmbad daneben, obwohl die Menschen dort vorgeblich in ihrer ursprünglichen Gestalt erschienen. Seit aber unsere Schwimm- und Sprunghalle auf russisches Gas verzichtete und, um Heizkosten zu sparen, die Wassertemperatur auf 23 Grad gesenkt hatte, waren im Schwimmbad Neoprenanzüge erlaubt. Mama wäre vor Aufregung beinahe untergegangen, als sie links und rechts von großen schwarzen Neoprenwesen überholt wurde. Seitdem hat sie nicht mehr versucht, die Geschlechtszugehörigkeit ihrer Mitschwimmer oder Mitschwimmerinnen zu erraten.

In diesen Anzügen kann man Menschen sowieso kaum von Fröschen unterscheiden, es sind nur oft langhaarige Frösche, die einem im Schwimmbad begegnen. Bei der Haarpflege sind die Berliner nicht sehr anspruchsvoll. Obwohl die Straßen unserer Stadt mehr Friseursalons als Bäckereien aufweisen, hat die Anzahl der Friseure keine direkte Auswirkung auf die Frisuren der Stadtbewohner. Die Leute geben offenbar nichts darauf, wie ihre Haare liegen. Sie setzen auf innere Werte, nicht auf Äußerlichkeiten, und sie lassen sich in keine Schublade stecken. Deswegen sind in der Parkgarage am Hauptbahnhof die Frauenparkplätze auch immer leer: Niemand will sich auf eine Identität festlegen. Gäbe es extra ausgeschilderte Männerparkplätze, würden auch sie leer stehen. Ich bin ein BerlinerInnen, sagen die Berliner.

Auch die Politik in der Stadt ist menschenfreundlich und lebensbejahend, niemand soll von ihr unter Druck gesetzt werden. Die wichtigsten Ereignisse des Jahres werden in der Regel wiederholt, damit keiner etwas verpasst. Wie die Berliner Wahl von 2021. Sie wurde falsch ausgezählt, viele Stimmen mussten für ungültig erklärt werden, weil die Kreuze nicht in die Quadrate passten, und in manchen Bezirken waren mehr Stimmen abgegeben worden, als sie Einwohner hatten. Manche Wahlhelfer hatten das Wahllokal verwechselt und sich im falschen versammelt, außerdem war der eine oder andere falsche Zettel in der Urne gelandet. Es war das übliche Durcheinander. Am Ende waren die Menschen nicht zufrieden, sie hatten nicht das Gefühl, jemanden gewählt zu haben. Deswegen beschloss man, die Wahl noch einmal stattfinden zu lassen. Dahinter steckte die Sorge um diejenigen, die das Ganze womöglich verschlafen, verpasst oder gar nicht bemerkt hatten, dass gewählt wurde. Vielleicht waren sie anderweitig beschäftigt gewesen. Vielleicht hätten sie mehr Zeit gebraucht, um sich eine Meinung zum politischen Geschehen in der Stadt zu bilden. Diese Zeit wurde ihnen vom politischen Personal gegönnt.

Die Wiederholung war ein so großer Erfolg, dass nun angeblich auch die Silvesternacht wiederholt werden sollte, und zwar pünktlich zum 1. Mai. So stand es in der Zeitung. Denn auch diese Nacht war für viele nicht zufriedenstellend verlaufen. Viele hatten gar nicht realisiert, dass ein Jahr zu Ende war und ein neues begonnen hat. Und was für eines sollte es überhaupt werden? Das Jahr der Katze gemäß dem vietnamesischen Kalender? Oder doch das Jahr des Hasen, wie die Chinesen behaupteten? Auch in meiner Umgebung hatte niemand das Gefühl, ein neues Jahr habe begonnen, insofern konnte die Silvesternacht gern wiederholt werden. Die Nachbarn aus Wedding hatten es anscheinend nicht geschafft, in einer einzigen Nacht all ihre Feuerwerkskörper zu zünden. Bei einer Wiederholung im Mai könnten sie bereits zu Ostern damit beginnen, auf Osterhasen zu ballern. Nur die Berliner Feuerwehr und die Polizei dürften über die Idee nicht erfreut sein. Sie sahen schon bei der ersten Silvesterfeier so überarbeitet aus, als hätten sie allein in mühevoller Handarbeit den ganzen Jahreswechsel überhaupt erst ermöglicht.

Die Berliner Silvesterböllerei 2022 verlief nicht ordnungsgemäß und kam im Rest der Bundesrepublik nicht gut an. Verständlich. Seit einem Jahr wurde gleich um die Ecke hinter Polen mit echter Munition geballert, was das Zeug hielt. Wohnhäuser stürzten ein, Menschen starben, und die Experten sorgten sich, dass der Krieg sich ausbreiten könnte. Niemand konnte vorhersagen, in welche Richtung sich das Ganze bewegte, und dann plötzlich, gleich nach Weihnachten, wurde in der Friedensstadt Berlin geknallt, als wären die Russen schon einmarschiert. Unsere frischgebackene Verteidigungsministerin, die ein Video mit ihrer Neujahrsansprache mit der Knallerei im Hintergrund aufgenommen hatte, musste deswegen gehen. Wie Hans im Glück hatte sie ihr langweiliges Amt im Verteidigungsministerium gegen ein supergeiles Video eingetauscht. Bei der Verkündung ihres Rücktritts sah sie deutlich glücklicher aus als auf dem Video. Jetzt musste sie sich keine Gedanken mehr über die Lieferung deutscher Panzer in die Ukraine machen.

Die Panzerfrage spaltete Deutschland. Sie schien nicht nur zur zentralen Frage der deutschen Politik aufgestiegen zu sein, sondern auch zu einer Prüfung für die Gesellschaft. Liefern oder nicht liefern? Und hatten wir überhaupt Panzer? Lieferten wir keine, mussten wir uns um ihre Existenz nicht kümmern. Wenn wir aber Lieferungen versprachen, mussten wir welche besorgen. Offiziell hatte Deutschland die besten Panzer der Welt, es wäre schade, sie abzugeben. Wenn sich jetzt herausstellte, dass sie doch nicht die besten waren? Die Regierung versuchte in einer seltsamen Nummer, mit den Panzern den »Schwanensee« zu tanzen: Wir wollten schon Panzer abgeben, aber vorher sollten es die anderen tun, dann müssten unsere erst einmal zum TÜV, danach müssten ukrainische Panzerfahrer ausgebildet werden, und dann war der Krieg vielleicht schon vorbei.

Soziologen befragten alle relevanten Bevölkerungsgruppen, unterteilt nach Wohlstand, Alter und Geschlecht, wo sie in der Panzerfrage standen. Es zeigte sich keine klare Mehrheit für die eine oder die andere Variante. Die eine Hälfte Deutschlands schien schon auf dem Panzer zu sitzen, während die andere Hälfte sich protestierend davorstellte. Die pazifistisch erzogene Jugend war im Großen und Ganzen gegen Lieferungen. Weniger Waffen bedeuteten weniger Krieg, meinte die Jugend. Die westdeutschen Rentner waren für den sofortigen Panzereinsatz, aber erst in Polen. Die ostdeutschen Männer über 65 schlugen vor, erst einmal die Fahrzeuge aus der 9. Panzerdivision der NVA in die Ukraine zu entsenden.

Besonders radikal schienen die Frauen dieser Altersgruppe zu sein, und zwar in allen Teilen der Bundesrepublik. Sie wollten den Krieg im Osten einfach nicht wahrhaben, wollten weder Panzer liefern, noch mit diesem Krieg irgendetwas zu tun haben. Schön wäre es, wenn die Großmütter die Weltregierung übernehmen würden, dann herrschte ewiger Friede auf der Erde, dachte ich. Andererseits, wenn die Großmütter nur in Deutschland die Macht übernehmen würden, hätten wir ein Problem.

Die Polen, die Amerikaner, die Balten und die Franzosen schienen komplett in Kriegslaune zu sein. Sie drängten, Deutschland solle endlich seine tollen Leopardpanzer rausrücken. Der Kanzler agierte wie eine Großmutter, er versuchte alles, um sich aus der Schlinge zu ziehen. »Wir haben zu wenig Panzer«, erklärte er. »Wir wissen auch gar nicht, wo sie stehen. Wir müssen sie erst einmal finden, zählen und die Eisernen Kreuze darauf übermalen, um das historische Gedächtnis der Russen nicht übermäßig zu strapazieren.«

Den Ukrainern war das historische Gedächtnis der Russen komplett egal. Sie wollten ihre besetzten Gebiete so schnell wie möglich zurückerobern und drangen auf sofortige Lieferung. Sie hofften, die russische Armee mit deutscher Technik in die Knie zu zwingen. Doch eine Niederlage der Russen hätte unvorhersehbare Folgen. Wie würde das große Land darauf reagieren? In Moskau steigerte sich allmählich die Hysterie. Auf den Dächern der Wohnhäuser und Bürogebäude wurden Raketenabwehrsysteme installiert. Man war unsicher, in welche Richtung die Ukrainer auf den deutschen Panzern fahren würden, wenn sie ihre Dörfer im Osten befreit hätten.

In Berlin demonstrierten trotz der Erkenntnisse der Soziologen Hunderte junge Menschen vor dem Kanzleramt für Panzerlieferungen: »Olaf, rück die Panzer raus« stand auf ihren Plakaten. Die Älteren blieben nachdenklich. Das letzte Mal waren hier vor fünfundsechzig Jahren Panzer durch die Stadt gefahren, Zeitzeugen waren kaum noch vorhanden.

Meine Nachbarin Julia meinte, sie habe grundsätzlich

nichts gegen Panzer, aber nicht auf unserer Straße. Drei Jahre hatten wir dafür gekämpft, sie zu einer Fahrradstraße zu erklären. Wir hatten etliche Parkplätze abgeschafft und die Fahrbahn rot und grün bemalt, um die Gegend zu einem lebenswerten Ort zu machen. Dementsprechend ist eine kinderfreundliche Infrastruktur entstanden mit kleinen Läden, selbstorganisierten Kindergärten, Cafés, Yoga-Clubs und Tischen direkt auf dem Fußweg. Die Straße wurde zu einem Privatraum. Die Panzer würden hier alles kaputt machen.

Außerdem machte sich Julia Sorgen wegen ihrer Katze. Die hatte sich angewöhnt, draußen spazieren zu gehen. Am liebsten lag sie mitten auf der Fahrradstraße und spielte mit ihrem Schwanz. Die Radfahrer hatten vor der Katze Respekt und fuhren vorsichtig um sie herum. In der neuen Situation hatte Julia Angst, ihre Katze könnte von einem Panzerfahrzeug platt gefahren werden. Ihre Befürchtung war gut nachvollziehbar. Auch Maja, die Katze meiner Mutter, ging gelegentlich raus, blieb aber vorsichtshalber immer auf dem Hof, als wüsste sie über die Panzer Bescheid. Sie beschränkte ihre Außenaktivitäten auf ornithologische Aktionen: die Beobachtung von Singvögeln in ihrer natürlichen Umgebung.

Zu Hause hatten wir neuerdings auch zwei wunderschöne Tiere, die sich allerdings noch nicht nach draußen trauten: den haarlosen ägyptischen Sphynx-Kater Anubis und den rassefreien Kater Pfirsich. Beide waren samt ihren Inhabern aus Sankt Petersburg vor den Kriegsfolgen zu uns geflüchtet. Die beste Freundin meiner Frau, die in Sankt Petersburg als Lehrerin für Russisch und Literatur tätig war, hatte sich im ersten Kriegsjahr geweigert, in ihrer Klasse die »Patriotische Lehrstunde« abzuhalten. Auf Anweisung des Bildungsministeriums mussten die Lehrerinnen kleine Kinder über die Notwendigkeit des Krieges aufklären. Die Schuldirektorin konnte sie nicht dazu bringen und äußerte sogar Verständnis für sie. Daraufhin wurden beide, Lehrerin wie Direktorin, entlassen und auf die schwarze Liste der Staatsfeinde gesetzt. Der Ehemann der Lehrerin, ein freier Künstler, nahm an einer Protestaktion gegen den Krieg teil und musste sich danach verstecken. Der haarlose Kater, der seit seiner Geburt draußen frei herumlief, wurde von den Nachbarskindern gefangen und mit regimefeindlichen Antikriegsparolen beschmiert. Sie bekritzelten ihn mit einem Putin mit einer Bombe im Gesicht. Dabei benutzten die schlauen Kinder wasserfeste Marker. Anubis wurde zu einem freilaufenden Antikriegsplakat und war daher in einer gefährlichen Lage.

Während der ersten Monate des Krieges dachte die Familie, sie könne die schlimmen Zeiten auf dem Land bei Mama aussitzen. Doch je länger der Krieg dauerte, desto unerträglicher wurde ihr Leben. Jeder konnte sie verpfeifen. Und Anubis durfte mit dem halb abgewaschenen Putin auf dem Rücken auch nicht mehr nach draußen. Meine Frau beschloss, ihren Freunden zur Flucht zu verhelfen. Die beiden auf die Liste politisch Verfolgter im deutschen Konsulat zu setzen, war leichter, als die Ausreisegenehmigung für die beiden Katzen zu bekommen. Für eine freie Fahrt in die EU brauchten die nämlich viel mehr Zeugnisse und Zertifikate als ihre Menschen. Es dauerte fast drei Monate, bis die Familie über Finnland mit der Fähre in Travemünde ankam. Enttäuschenderweise wurden bei der Ankunft in Deutschland die Katzenzertifikate nicht einmal geprüft.

Auf einmal waren wir wieder von Katzen umzingelt. Während Pfirsich mit Berlin nichts anfangen konnte und sich die meiste Zeit hinter der Gardine versteckte, wurde der Sphynx-Anubis zum größten Freund aller Hausbewohner. Der haarlose Kater saß mit mir am Schreibtisch, trank Tee mit Zitrone aus meiner Tasse, ging nach Herzenslust auf den Schränken in der Wohnung spazieren und benahm sich auch sonst sehr menschlich. Ab und zu gingen wir zusammen zum Rauchen auf den Balkon und um zu gucken, ob schon irgendwelche Panzer da waren. Es waren aber, Gott sei Dank, keine zu sehen.

Obwohl mein neuer ägyptischer Freund einen guten Appetit hatte, war Anubis die dünnste Katze, die ich je gesehen hatte. Alle meine vorherigen Katzen hatten allerdings ein Fell und er nicht. Anubis fror, und obwohl ihm seine Besitzerin einen roten Pullover gestrickt hatte, erkältete er sich und nieste die ganze Zeit wie ein alter Schwede beim Tabakschnupfen. »Gesundheit!«, wünschten ihm alle unisono.

Anders als Menschen scheinen Katzen sich überhaupt keine Sorgen um die Zukunft zu machen. Sie leben im Hier und Jetzt und lösen Probleme erst, wenn sie auftauchen. Katzen sind Könige der Gegenwart, während Menschen stets die Gegenwart überspringen. Entweder sind sie gedanklich schon in der Zukunft, in der nichts klappt, oder sie fallen in die Vergangenheit zurück nach dem Motto: »Hätte man damals bloß anders gehandelt, wäre die Zukunft nicht so schlimm geworden.« Der dünne Faden der Gegenwart, unser aller Leben, entwischt ihrer Aufmerksamkeit.

Dieser Zustand permanenter Selbstreflexion ist Katzen fremd. Sie können glücklich sein, ohne nach Glück zu streben. Sie zeigen es nicht einmal. Sie haben ihr Glück wie die meisten Menschen Corona – symptomfrei. Nur manchmal schnurren sie leise oder wollen am Bauch gekratzt werden. Für mich waren sie schon immer die besten Lehrer und Aufklärer. Sie hatten Antworten auf die wichtigsten Fragen des Seins, wollten dies aber niemandem aufdrängen. Das zeigt ein Beispiel aus meiner Kindheit:

Als ich klein war, wollte ich die Bouletten nicht essen, die meine Oma machte. Ich hatte den schlimmen Verdacht, dass für diese Bouletten andere Lebewesen umgebracht worden waren. Das fand ich nicht fair und habe das meiner Oma einmal unumwunden ins Gesicht gesagt. Meine Oma lachte über so viel kindliche Unkenntnis und erklärte mir, dass für Bouletten niemand sterben musste. Die Tiere würden ihre überflüssig gewordenen Fleischteile mit der Zeit einfach abwerfen, erklärte sie mir. Ich glaubte ihr nicht. Denn falls das stimmte, blieb immer noch die Frage, warum Menschen nichts abwarfen. Also beschloss ich, Omas Theorie zu prüfen. Zu diesem Zweck nahm ich meine damalige Katze Sophia unter ständige Beobachtung. Eine ganze Woche folgte ich ihr durch die Wohnung und auf den Hof, um sie dabei zu erwischen, wie sie überflüssige Fleischteile abwarf. In dieser Zeit wurde ich Zeuge, wie sie einen Spatz, eine Maus und einen Fisch aus dem Teich verspeiste, ohne zu warten, dass diese ihr irgendetwas freiwillig zur Verfügung stellten. Sophia selbst hatte in all der Zeit nicht das Geringste abgeworfen. Sie war mit ihrer mörderischen Selbstverständlichkeit im Reinen mit sich und der Welt. Seitdem vertraue ich Katzen mehr als Omas. Es tut einem gut, nicht zu wissen, was kommt. Man muss es den Katzen nachmachen: Sie kennen die Zukunft nicht, aber dafür ist ihr Leben nie langweilig.

Je kälter die Luft, umso klarer der Himmel. Selbst bei Minustemperaturen ging Anubis mit mir auf den Balkon und schaute sich die Sterne an. Was waren sie für ihn? Kleine leuchtende Mäuse auf einem dunklen Dachboden?

»Was denkst du«, fragte ich ihn. »Werden die Panzer kommen?«

»Was weiß ich, ist doch egal. Panzer kommen und gehen, wir bleiben«, sagte er und nieste.

## 86 Sekunden vor dem Weltuntergang
### *Die Narren im Karneval des Krieges*

Die Rosenmontagsumzüge erfassten die katholische Welt von Brasilien bis Venedig. Und auch die nicht katholische Welt kam in Bewegung, bloß ohne lustige Kostüme. Während die deutschen Narren durch Koblenz, Mainz und Trier zogen, standen die Narren der Großmachtpolitik ihnen in nichts nach. Der amerikanische Präsident flog überraschend nach Kiew, Chinas Führung nach Moskau und russische Kriegsdienstverweigerer flogen nach Ägypten. Ihr durchgeknallter Zar hielt in Moskaus Luschniki-Stadion eine Rede zum einjährigen Jubiläum des von ihm begonnenen Krieges: Es waren die anderen, die ihn dazu gebracht hatten, die Ukraine zu überfallen. Der böse Westen war es, während er selbst doch immer nur Frieden wollte! Er betrog sich selbst, seine Helfer und seine Fans. Hunderttausende hörten ihm zu, und kein Einziger hatte den Mumm zu sagen: Du warst es! Du, Wladimir, hast diesen Krieg entfesselt! Du und nur du allein.

Im Stadion hatte es minus zwölf Grad, gefühlt minus achtzehn. Die armen Menschen standen zwei Stunden lang in der Kälte und froren sich die Nasen ab. Nur dem Redner war es nicht kalt genug, er war intensiv mit der Rechtfertigung seines Krieges beschäftigt. Der Präsident bereitete die Menschen im Stadion auf einen langen, einen ewigen Krieg vor. Denn der Westen war groß und stark, er würde niemals aufhören, Russland zerstören zu wollen. Russland sei aber unzerstörbar, deswegen werde das Ganze immer weitergehen, bis nichts mehr weiterging. Er bedankte sich beim Volk für sein Verständnis und lobte es für seine Geduld. Aus seiner Sicht hatte das Land den Krieg einvernehmlich adoptiert und war gut mit ihm zurechtgekommen.

Auf einmal konnten alle Bürger mit dem Krieg etwas anfangen: Die Schüler schrieben Unterstützungsbriefe für die Soldaten an der Front, die vermögensschwachen Bevölkerungsschichten spendeten ihre schwachen Vermögen für die Nöte der Armee, die schlauen patriotischen Geschäftsleute fädelten auf den annektierten Gebieten schlaue patriotische Geschäfte ein, die mutigen Soldaten bekamen einen günstigen Kredit bei der Raiffeisenbank und starben heldenhaft in Massen, und die Soldatenmütter erhielten Staatshilfen zum Gebären neuer Soldaten. Die Kulturschaffenden lobten und rechtfertigten in ihren Kunstwerken erfolgreich den Krieg, und die Gefängnisinsassen durften ihre Strafen im Feuer des Gefechts abbüßen.

Natürlich bräuchten alle diese Menschen auch weiter staatliche Unterstützung, und daran werde es nicht fehlen, versicherte der Präsident. Er versprach jedem etwas: den Kindern neue Kugelschreiber, den Geschäftsleuten staatliche Subventionen, den Armen Steuerbefreiung und den heldenhaft Gefallenen Begräbnisse auf Staatskosten. »Wir wurden als Sieger geboren«, ertönte ein Lied über das ganze Stadion, und die frierenden Menschen auf den Tribünen sangen nach Kräften mit. »Wir sind die Sieger«, flüsterten sie, »der Krieg ist für immer«, »wir haben ihn nicht angefangen«, »der Westen hat uns angegriffen«, »wir können den Krieg nicht beenden«, »der Westen ist groß und stark«, »wir aber sind stärker«. Sie schienen in dieser neuen Realität angekommen zu sein und den Krieg als normalen Lebensumstand zu akzeptieren, an dem nicht mehr zu rütteln war. »Das ist nun einmal so«, sagten sich die Menschen. »Unsere Heimat ist ein Sozialstaat mit Sitz in der Hölle. Kassieren und krepieren, kann jedem mal passieren.«

Die Menschen wirkten ruhig, nur der Präsident war ungewöhnlich aufgeregt. Möglicherweise fühlte er sich von der Anwesenheit so vieler Menschen bedroht. Er war es nicht gewohnt, solchen Massen ausgesetzt zu sein, er hatte seine öffentlichen Auftritte seit Langem auf ein Minimum reduziert, aus Sicherheitsgründen. Als Kriegspräsident sah er sich mit einem gewaltigen Sicherheitsproblem konfrontiert und wollte die Risiken für sich und seinen Krieg minimieren. Der Krieg war auf ihn angewiesen. Er war sein Baby und erst ein Jahr alt. Ohne den Präsidenten wäre der

Krieg verwaist. Deswegen bewegte sich der Präsident auf geheimen Routen durch das Land, niemand durfte wissen, wo er sich gerade aufhielt. Seit Beginn des Krieges stieg er auch in kein Flugzeug mehr, denn Flugzeugrouten konnte jeder auf Flightradar24 verfolgen. Journalisten schrieben, angeblich bewege sich der Präsident nur noch in einem gepanzerten Sonderzug durchs Land. Extra für ihn wurden geheime Bahnhöfe gebaut, drei oder vier, niemand wisse es genau. Geheime Gleise wurden verlegt und ein geheimes Volk zusammengestellt, das ihn an jedem Bahnhof frenetisch begrüßte, um seine volle Unterstützung zu demonstrieren: drei Mädchen mit kleinen Fahnen, eine mollige Dame mit Kind und zwei Veteranen auf Krücken. Egal an welchem der drei oder vier geheimen Bahnhöfe sein Zug hielt, das Volk war immer da und zeigte sich zufrieden.

Putins Freunde hatten damit ein Problem. Niemand außer seiner Familie durfte in dem Zug mitreisen. Um mit Putin zu sprechen, mussten die Freunde nun extra Schienen zu seinem Zug legen und einen kleinen Bahnhof bauen. Erst dann konnten sie am Bahnsteig ein paar Worte mit dem Präsidenten wechseln. Fotos von diesem seltsamen Zug waren ins Internet durchgesickert. Er sah aus wie ein gewöhnlicher Zug, allerdings ohne Fenster und mit einem Radar auf dem Dach, einer mobilen Raketenabwehrstation am Zugende und vorneweg zwei Lokomotiven wegen der besonderen Schwere der gepanzerten Waggons. In dem geheimen Zug war Platz für Putins ganze geheime Familie. Gerüchten zufolge fuhren sogar seine geheimen Enkelkinder mit, die noch nie jemand gesehen hatte. Kurz gesagt, es war ein perfektes Fahrzeug, um an der Wirklichkeit vorbeizufahren.

Denn die Wirklichkeit war bitter. Der Tod machte keine Mittagspause. Jeden Tag starben Tausende Russen im Osten der Ukraine bei der sogenannten »Befreiungsoperation«, deren Ziel weiterhin im Verborgenen blieb. Täglich tauchten Videos mit Hilferufen von Soldaten auf, in denen sich die Einberufenen beschwerten, sie seien mitten im Nirgendwo ohne Waffen und Proviant abgesetzt worden, ohne Führung und ohne Ziel. Sie wüssten nicht, welches Dorf sie befreien sollten. Und von wem?

Mit der Sturheit eines verrückt gewordenen Bestattungsunternehmers strengte sich die bürokratische Maschine des Staates an, den Befehlen des Präsidenten folgend immer neue Bürger aus ihren Verstecken zusammenzukratzen und an der Front zu entsorgen. Es wurden Einberufungspläne in jede Republik, jede Gemeinde, in jedes Dorf und jede Stadt geschickt. Die Behörden wurden von den Sicherheitsdiensten kontrolliert, ob sie sich auch an die Pläne hielten und die geforderten Ergebnisse lieferten. Es war wie in früheren Zeiten: Fünfjahresplan in drei Tagen.

Die Ankündigung einer zweiten Mobilisierungswelle, die viele Menschen befürchtet hatten, blieb jedoch aus. Sie war auch unnötig, denn die erste war noch gar nicht beendet. Die groß angelegte Einberufungsaktion bekam nur jedes Mal einen anderen Namen. Einmal hieß sie »Hilfeleistung für die Landessicherheit«, ein andermal »planmäßige Kernsanierung der Schützengräben«. Dafür wurden vom Staat sagenhafte Gehälter für die Mobilisierten und stolze Sozialleistungen für die Hinterbliebenen angeboten. Noch nie hatte der russische Staat so großzügig mit Geld um sich geworfen. Viele Menschen meldeten sich freiwillig und unterschrieben die Verträge. Für fünf Millionen Rubel und das Versprechen, dass deine Kinder ohne jede Prüfung an den besten Hochschulen des Landes aufgenommen würden, konnte man auch eine Zeit lang Schützengräben sanieren, dachten die Freiwilligen. Was genau dort saniert werden sollte, wollte keiner wissen.

In einem armen Land fand man immer Menschen, die nichts zu verlieren hatten außer ihrem Leben. Sie betrachteten diesen Krieg als einen Sprung auf der Karriereleiter. Zugegeben ein etwas gewagter Sprung, eine Art russisches Roulette, ein gefährliches Spiel, bei dem es aber schnell viel zu gewinnen gab. Vorausgesetzt, man hatte ein wenig Glück. Die anderen, die doch etwas zu verlieren hatten, rannten um ihr Leben. Sie wollten das Land verlassen. Nur wohin? Der Präsident hatte auch sie in seiner Rede im Stadion angesprochen: »Dort draußen braucht euch niemand! Mit der falschen Welt jenseits der Heimat werdet ihr niemals warm werden, ihr bleibt für immer Menschen zweiter Klasse. Wir werden euch nicht verfolgen«, sagte der Präsident. »Fahrt nur, haut ab! Hier wird euch niemand vermissen!«, betonte er.

Und die Welt gab sich alle Mühe zu beweisen, dass der Präsident recht hatte. Die EU-Länder hatten sich gleich zu Beginn des Kriegs vor den russischen Kriegsgeflüchteten abgeschottet. Georgien, Armenien und Kasachstan, die anfangs als eine Art Arche Noah fungiert hatten, hatten ab Januar 2023 ihre Einreisebedingungen verschärft. Die Türkei lag nach mehreren Erdbeben zum Teil in Trümmern. An der mexikanisch-amerikanischen Grenze wurden mehrere Tausend Russen beim Versuch der illegalen Grenzüberschreitung festgehalten. Und sogar Argentinien, seit Langem für seine lockeren Einreiseregeln bekannt, schlug im Februar 2022 wie eine verrückte Kuh aus. Hunderte hochschwangere russische Frauen wurden an argentinischen Flughäfen festgehalten.

Die argentinische Einwanderungspolitik war lange Zeit ein Geheimtipp gewesen, eine Eintrittskarte für Russen. Jedes im Land geborene Kind bekam automatisch die argentinische Staatsbürgerschaft, die Mütter dementsprechend ein Aufenthaltsrecht. Sie konnten gleich nach der Geburt einen Mann ihrer Wahl als Vater des Kindes eintragen. Seit Beginn des Krieges waren über 16 000 schwangere Russinnen nach Argentinien geflogen. Auf einmal fragte sich die argentinische Regierung, warum so viele Russinnen im neunten Schwangerschaftsmonat plötzlich eine solche Reiselust verspürten? Prompt verkündete die Regierung einen Einreisestopp für schwangere Russinnen – so erzählten es zumindest die russischen Medien. Tatsächlich waren sechs Frauen bei der Einreise zunächst festgehalten worden, durften das Land dann aber betreten.

Dafür nahm sich der serbische Präsident ihrer an, er verkündete, beschleunigte Verfahren zur Einbürgerung von Russen und Ukrainern einzuführen. Natürlich müssen diese Menschen selbstständig sein, über Geld verfügen und auf staatliche Hilfe verzichten. Die EU schielte unzufrieden. In Montenegro hatte die EU bereits mit dem Ausschluss aus dem Aufnahmeverfahren gedroht, sollten die Montenegriner weiter ihre sogenannten »Goldenen Pässe« an Russen verteilen. Denn bis vor Kurzem konnte jeder, der eine halbe Million in die Wirtschaft des kleinen Landes investierte, einen solchen Pass bekommen. Die Russen versuchten ihr Glück in der Mongolei, in Kambodscha und Ägypten. Sie waren ein verwahrlostes, heimatloses Volk, das alles tat, um nicht unter die Räder des gepanzerten Sonderzugs seines Präsidenten zu kommen.

Wir hatten, wie gesagt, eine geflüchtete Großfamilie aus Sankt Petersburg bei uns in Brandenburg einquartiert, die beste Freundin meiner Frau aus Sankt Petersburg mit ihren Katzen Pfirsich und Anubis und mit ihrem Mann. Während den Menschen der Abschied von der Heimat nicht leichtgefallen war, waren die beiden Katzen nach einem Zwischenaufenthalt bei uns in Berlin in Brandenburg sofort heimisch geworden.

Sogar der neugierige Anubis ging mutig durchs Dorf spazieren. Wir hatten anfangs Angst, er würde in Brandenburg frieren, obwohl er weiterhin den Pullover trug, den seine Besitzerin für ihn gestrickt hatte. Wir befürchteten außerdem, dass die Einheimischen ihn verdreschen könnten. Immerhin wurde Brandenburg in der großstädtischen Presse oft als fremdenfeindliche Region dargestellt. Die Einheimischen begegneten dem neuen Bewohner jedoch gleichgültig. Es ist für Brandenburg nicht ungewöhnlich, irgendwelche merkwürdigen Wesen zu treffen – Frösche, Vögel, alle möglichen freilaufenden Tiere ohne Leine, Rehe und Wildschweine, Hasen und Igel und manchmal eben auch Katzen, die eine Weste tragen. Die Leute hier konnte man mit einer nackten, aber wie ein Mensch angezogenen Katze nicht beeindrucken. Wahrscheinlich dachten sie, ein betrunkenes Kind aus der Nachbarschaft wollte Karneval feiern und hatte sich als Katze verkleidet. Die Tiere Brandenburgs wiederum nahmen Anubis gar nicht als Katze wahr, so ohne Fell und dafür mit Weste. Und die anderen Katzen sahen in ihm keine Konkurrenz. Sie waren damit beschäftigt, nach Essen zu suchen, sie hielten nämlich nichts von Katzenfutter. Und es gab Gott sei Dank genug Mäuse in Brandenburg, damit es für alle reichte.

Meine Frau und ich ließen die Geflüchteten auf dem Land allein und flogen wie immer zur Karnevalszeit auf die Kanaren, um Februarsonne zu tanken. Die Besitzerin von Anubis schickte uns regelmäßig Fotos, wie ihr Tier die Gegend erkundete, während ihr Mann den Abschied von der Heimat hauptsächlich im Liegen zu verkraften versuchte.

Die Kanaren empfingen uns laut und jubelnd. Las Palmas war eine einzige Narrengesellschaft, man hatte das Gefühl, die Insel sei zu klein für dieses Fest. Die ganze Zeit vom Karneval umzingelt, konnte man sich vor lauter Narren nirgendwo verstecken. Die Grancanarios feiern ihren Karneval nämlich nicht wie die Deutschen zu bestimmten festgelegten Zeiten an dafür vorgesehenen Orten, sondern überall und zu jeder Zeit. In einem Moment sitzen sie in der Markthalle am Tisch oder schlendern an endlosen Tapas-Tresen vorbei, dann plötzlich holen ein paar Passanten irgendwelche Musikinstrumente heraus, die anderen fangen an zu tanzen, und schon steht die ganze Markthalle kopf. Spanier sind wahre Könige im Multitasking, sie können hingebungsvoll tanzen, spielen und singen, ohne dabei mit dem Essen und Trinken aufzuhören. Sie schaffen alles gleichzeitig. Und kaum hören die Menschen an der einen Straßenseite auf, Lambada zu tanzen, schon fangen die auf der anderen Straßenseite damit an.

Wir fühlten uns wie in einer Tapas-Werbung. Sollte die Menschheit jemals tatsächlich untergehen, dann bitte während des Karnevals, singend und tanzend mit einem Glas Wein und mit einem Teller Tapas in der Hand. Das Thema des Karnevals 2023 in Las Palmas war »Studio 54 – die Brutstätte des Hedonismus«. Laut Werbung ging es um Genderfreiheit, Gendergerechtigkeit und um die »vielfältige grenzüberschreitende Natur der Feierlichkeiten«. Das hatte zur Folge, dass sich sehr viele übergewichtige Männer einbildeten, sie wären eine Dragqueen, und sich entsprechend verkleidet hatten. Wikinger, Clowns und Piraten suchte man in diesem Jahr vergeblich, es gab auch kaum Rentner im Kaninchen-Partnerlook. Stattdessen hatten sich ausnahmslos alle als Frau verkleidet, sämtliche Hetero-, Trans- und Homosexuelle, alle Teenager und Hipster, Touristen und Rettungskräfte, Kellner und Polizisten. Kein Wunder: Als Frau sah man einfach immer besser aus als in einem Kaninchen-Kostüm. Diese schlichte Botschaft war inzwischen bei der Mehrheit der Bevölkerung angekommen. Für die Frauen war das etwas bitter, weil nun ausgerechnet sie selbst sich nicht mehr als Frau anziehen konnten, das wäre zu banal gewesen. Männer haben den Frauen schon immer alles geklaut, nun also auch noch die Schneewittchen-, Rotkäppchen- und sogar Flamingokostüme. Für Frauen blieb wenig Auswahl. Einige von ihnen gingen als Superman, andere machten es den Männern nach und griffen ebenfalls zum Flamingo-Outfit.

In einer solchen Flamingo-Frauengruppe auf der Plaza Santa Catalina erkannte ich plötzlich unsere alte Bekannte

Swetlana wieder, das ukrainische Mädchen aus Charkiv, das wir vor einem Jahr auf der Antikriegsdemo in Las Palmas kennengelernt hatten. Sie war nicht der einzige Flamingo aus der Ukraine. Anscheinend hatten etliche hier Gestrandete ihren Urlaub verlängert und erst einmal auf den Kanaren ihr Glück versucht. Swetlana erzählte, es wäre am Anfang nicht leicht für sie gewesen, doch sie wusste, man bekam im Leben nichts geschenkt. Die spanische Regierung half ihr bei der Suche nach einer Unterkunft, sie fand einen Job als Kellnerin, und ihr Kind lernte mittlerweile Spanisch. Die Musik war so laut, dass wir uns ständig anschreien mussten, um im Gespräch zu bleiben.

»Was meinst du, fährst du jemals zurück?«, brüllte ich Swetlana an. »Zurück in die Heimat? Vielleicht später, wenn der Krieg vorbei ist?«

»Warum soll der Krieg vorbei sein?«, schrie Swetlana.

»Wie – warum? Das könnte doch passieren, zum Beispiel, wenn Putin stirbt?«

»Die Ukraine ist zerbombt, dort ist alles kaputt. Ich glaube nicht …«, sagte sie und schüttelte den Kopf. »Ich glaube nicht, dass Putin …«

Ein lautes Musikerkollektiv zog an uns vorbei, und die Spanier fingen an zu singen. Ich habe Swetlanas Antwort nur halb verstanden. Was glaubte sie nicht? Dass ihr Land jemals wiederaufgebaut werden könnte? Dass Putin jemals sterben würde? Dass der Krieg jemals zu Ende ging?

Die Flamingos zogen weiter, es waren allesamt Swetlanas neue Kolleginnen. Ich suchte einen ruhigeren Ort, an dem man ungestört rauchen konnte. Es war nicht leicht, in diesem Meer der Enthemmung eine Bucht der Vernunft zu finden. Der Karneval entfachte eine wahre Naturgewalt, er brach wellenartig über die Menschen herein, und wenn man nicht aufpasste, ging man unter.

Zuerst hatte mich die Welle an eine Bande Schneewittchen mit unrasierten Beinen herangespült, die einen Totalausfall der Zwerge in diesem Jahr beklagten und mit mir einen kanarischen Rum auf die Völkerfreundschaft trinken wollten. Kaum hatte ich mich von den Schneewittchen losgerissen, kam vom Hafen eine Gruppe schnurrbärtiger Rotkäppchen. Meine Frau klagte über Kopfschmerzen und ging nach Hause, es war ihr zu viel Karneval. Halb im Rum ertrunken driftete ich allein wie ein abgeseiltes Bötchen von einem Tisch zum nächsten und stolperte schließlich über eine deutsche Gesellschaft, die ausnahmsweise nicht laut auf Spanisch sang und von denen keiner als Frau verkleidet war. Im ersten Augenblick erschienen sie mir geradezu seltsam nobel gekleidet, in Anzügen, wie die Menschen sie vor hundert Jahren getragen hatten. Sie saßen still in einer Ecke, tranken wenig und sprachen leise.

»Sind Sie der Russe? Der Russe? Ich kenne Sie vom *Riverboat*! Können wir ein Foto zusammen machen?«, rief mir ein älterer Mann mit runder Brille und Zigarre zu.

Er sah etwas zerknittert, aber clever aus, wie ein in die Jahre gekommener Bertolt Brecht. Es schmeichelte mir etwas, selbst auf den Kanaren erkannt zu werden. Andererseits schreckte mich der Geruch seiner scheußlichen Zigarre ab. Aber was soll's, dachte ich und gesellte mich auf einen Absacker zu der Runde.

»Und?«, fing der Zigarrenraucher sofort an. »Was meinen Sie, wie der Krieg ausgehen könnte?«

»Ich glaube, er wird noch dieses Jahr zu Ende sein«, holte ich aus. »Es gibt drei Varianten: Entweder gewinnen die einen oder die anderen, oder es bleibt, wie es ist. Wenn die russischen Eliten aber einsehen, was mit ihrem Land geschieht, wenn das Volk nicht mehr mitmacht, oder wenn Putin stirbt …«

»Haha!«, lachte der Zigarrenraucher unverhohlen. »Nur weil Putin tot ist, wäre der Krieg zu Ende? Seien Sie nicht kindisch, junger Mann. Solche Putins finden sich im Dutzend. Schurken, Helden und Idioten gibt es immer im Überfluss. Ich glaube nicht an das Gerede der Friedensstifter«, fuhr er fort. »Die hat es schon immer gegeben, sie gehen herum und sagen: ›Einmal hört der Krieg auf.‹ Ich sage, dass der Krieg einmal aufhört, ist nicht gesagt. Es kann natürlich zu einer kleinen Pause kommen. Der Krieg kann sich verschnaufen müssen, er kann sogar sozusagen verunglücken. Davor ist er nicht sicher, es gibt ja nichts Vollkommenes auf Erden. Einen vollkommenen Krieg, über den man sagen könnte, an dem ist nichts mehr auszusetzen, wird es vielleicht nie geben. Er kann plötzlich durch etwas Unvorhergesehenes ins Stocken geraten. Kein Mensch kann an alles denken. Irgendetwas wird übersehen, und schon ist der Schlamassel da. Und dann muss man den Krieg wieder aus dem Dreck ziehen. Die Mächtigen dieser Welt werden ihm zu Hilfe kommen in seiner Not. So hat er im Ganzen nichts Ernstliches zu befürchten, und ein langes Leben liegt vor ihm.«

»Da bin ich aber anderer Meinung«, sagte ich und nahm einen großen Schluck.

Der Brecht-Doppelgänger drückte seine Zigarre endlich aus. Die spanischen Hipster fingen wieder an, »Alegria Macarena« zu jodeln. Ein Schwarm speckiger Flamingos zog jubelnd an uns vorbei.

Wladimir Kaminer wurde 1967 in Moskau geboren, wo er eine Ausbildung zum Toningenieur für Theater und Rundfunk absolvierte. Seit 1990 lebt er in Berlin. Er selbst sieht sich als Weltbürger und sagt, er sei privat Russe, beruflich deutscher Schriftsteller. Mit seiner Erzählsammlung »Russendisko« sowie zahlreichen weiteren Bestsellern avancierte er zu einem der beliebtesten und gefragtesten Autoren Deutschlands. Er ist auch journalistisch tätig, verfasst Artikel für Zeitungen und Zeitschriften und geht mit *Kaminer Inside* für 3sat auf immer neue Entdeckungstouren, um Menschen im In- und Ausland kennenzulernen oder einen Blick hinter die Kulissen bekannter Gebäude zu werfen.

Alle Bücher von Wladimir Kaminer gibt es auch als Hörbuch, von ihm selbst gelesen.

Weitere Informationen zu Wladimir Kaminer finden Sie unter www.wladimirkaminer.de.

*Von Wladimir Kaminer lieferbar:*

Russendisko. Erzählungen • Militärmusik. Roman • Schönhauser Allee. Erzählungen • Die Reise nach Trulala. Erzählungen • Mein deutsches Dschungelbuch. Erzählungen • Ich mache mir Sorgen, Mama. Erzählungen • Karaoke. Erzählungen • Küche totalitär – Das Kochbuch des Sozialismus. Erzählungen • Ich bin kein Berliner – Ein Reiseführer für faule Touristen. Erzählungen • Mein Leben im Schrebergarten. Erzählungen • Salve Papa. Erzählungen • Es gab keinen Sex im Sozialismus. Erzählungen • Meine russischen Nachbarn. Erzählungen • Meine kaukasische Schwiegermutter. Erzählungen • Liebesgrüße aus Deutschland. Erzählungen • Onkel Wanja kommt – Eine Reise durch die Nacht. Erzählungen • Diesseits von Eden – Neues aus dem Garten. Erzählungen • Coole Eltern leben länger. Geschichten vom Erwachsenwerden • Das Leben ist keine Kunst – Geschichten von Künstlerpech und Lebenskünstlern • Meine Mutter, ihre Katze und der Staubsauger – Ein Unruhestand in 33 Geschichten • Goodbye, Moskau – Betrachtungen über Russland • Einige Dinge, die ich über meine Frau weiß. Erzählungen • Ausgerechnet Deutschland. Geschichten unserer neuen Nachbarn • Die Kreuzfahrer. Eine Reise in vier Kapiteln • Liebeserklärungen. Erzählungen • Tolstois Bart und Tschechows Schuhe. Streifzüge durch die russische Literatur • Rotkäppchen raucht auf dem Balkon – und andere Familiengeschichten • Der verlorene Sommer – Deutschland raucht auf dem Balkon. Erzählungen • Die Wellenreiter. Geschichten aus dem neuen Deutschland • Wie sage ich es meiner Mutter. Die neue Welt erklärt: von Gendersternchen bis Bio-Siegel

Sämtliche Titel sind auch als E-Book erhältlich.

MIX
Papier | Fördert gute Waldnutzung
FSC® C014889

Penguin Random House Verlagsgruppe FSC® N001967

Wunderraum-Bücher erscheinen im
Wilhelm Goldmann Verlag, München,
einem Unternehmen der Penguin Random House Verlagsgruppe GmbH.

1. Auflage
Originalveröffentlichung August 2023

Umschlaggestaltung, Konzeption und Illustration:
Hafen Werbeagentur, Hamburg
Satz: Buch-Werkstatt GmbH, Bad Aibling
Druck und Bindung: Friedrich Pustet, Regensburg
Printed in Germany
ISBN 978-3-442-31711-0

www.wunderraum-verlag.de

Auf Wiedersehen im
**WUNDERRAUM**

www.wunderraum-verlag.de